인구축소 시대 교육 디지털화 시리즈 ❶
디지털 러닝

인구축소 시대 교육 디지털화 시리즈 ❶
디지털 러닝

1쇄 펴낸날	2024년 7월 15일
지은이	조은순
펴낸이	백송이
펴낸곳	안드레의바다
출판등록	제 2021-000007호
주 소	대구 동구 장등로 76, 204호
전 화	+82-10-8277-9366, 070-8287-0969
팩 스	0504-211-3591
전자우편	ssong34@andrebada.com
홈페이지	www.andrebada.com
인스타그램	andrebada.sdg
인 쇄	기쁨 D&P
교 정	만세선인장

ISBN 979-11-988387-9-7

Copyright © 2024 조은순 & ANDREBADA.ln

- 이 책에 실린 내용, 디자인, 이미지는 저작권법에 의하여 보호를 받는 저작물이므로 복제를 금지하며 모든 저작권은 안드레의바다와 저작권자에게 있습니다.
- 책의 내용의 일부 또는 전체를 재사용시에는 안드레의바다와 저작권자의 양측의 동의를 받아야 합니다.
- 책으로 펴내고 싶은 아이디어나 원고를 보내주세요. 안드레의바다는 여러분의 소중한 경험과 지식을 기다리고 있습니다.

인구축소 시대
교육 디지털화
시리즈 ❶

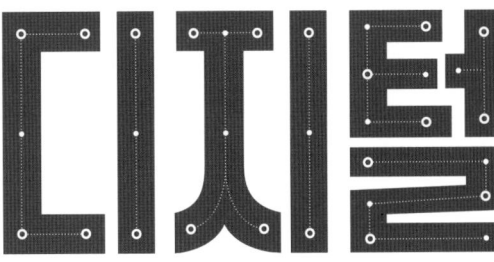

디지털 러닝

저자 조은순

- ☑ 가르치고 배우는 방법의 혁신
- ☑ 디지털 세대와 아날로그 세대가 모인 학교문화
- ☑ 인구축소 시대 맞춤형 디지털 학습
- ☑ 진로와 경력 개발 방법의 전환
- ☑ 디지털로 즐거운 평생 학습
- ☑ 디지털 학습자의 자기관리 능력
- ☑ 교육의 미래와 디지털 러닝

Digital Learning

안드레의바다
Andrebada

[목차]

들어가며 ·6
이 책에 대해 ·8

1장 가르치고 배우는 방법의 혁신

01. 우리가 학교에서 얻을 수 있는 것 ·12
02. 학교가 사회 변화에 느린 이유 ·17
03. 디지털과 공교육의 상생 전략 ·22
04. 화려한 디지털 세계와 교육의 연결고리 ·27
05. 미래 인재 양성의 방향과 디지털 경쟁력 ·32

2장 디지털 세대와 아날로그 세대가 모인 학교문화

01. 각자도생하는 디지털 네이티브 세대 ·38
02. MZ 세대와 알파 세대의 학습 동기 ·43
03. 디지털 시대에 필요한 소통의 기본 원리 ·48
04. 학교조직에서 아날로그 세대의 특징 ·53
05. 수업 방법의 디지털화 ·58

3장 인구축소 시대 맞춤형 디지털 학습

01. 공교육의 존재 이유 ·64
02. 미래 인재 양성의 방향 ·70
03. 인구축소 시대에 일당백을 하는 인재 ·75
04. 지피지기 백전불태(知彼知己 百戰不殆):
   자신을 알면 위태롭지 않다 ·80
05. 평생 활용하는 똑똑한 디지털 학습 방법 ·86

4장 진로와 경력 개발 방법의 전환

01. 나에게 맞는 진로 찾기 · **94**
02. 진로 개발을 위한 학습에너지 충전하기 · **100**
03. 경력은 평생 쌓는 레고 블록 게임 · **105**
04. 지장(智將)과 덕장(德將), 더 중요한 것 · **110**
05. 디지털 시대의 소통과 공감 능력 · **116**

5장 디지털로 즐거운 평생 학습

01. 내가 평생 공부해야 하는 이유 · **122**
02. 세대별로 반드시 공부해야 할 것들 · **127**
03. 디지털 학습과 취업 및 재취업 · **132**
04. 디지털로 놀듯이 평생 공부하기 · **137**
05. 나를 위한 맞춤형 디지털 교과목 만들기 · **142**

6장 디지털 학습자의 자기관리 능력

01. 생각과 행동의 연관성 파악하기 · **148**
02. 고품질의 생각 습관 만들기 · **153**
03. 시간 관리와 자기관리 능력의 관계성 · **158**
04. 디지털 학습의 효율적 시간 관리 · **163**

7장 교육의 미래와 디지털 러닝

01. 아날로그식 교육과 디지털 문화의 통합시대 · **170**
02. 디지털 AI 러닝 시대를 위한 생각의 대전환 · **176**
03. AI 사회에서 필요한 최고 능력자 · **182**
04. AI 사회가 기대하는 학교 교육 · **187**
05. 의미 있는 배움의 조건 · **192**

[들어가며]

교육에 디지털을 활용하는 것은 변화무쌍한 디지털 시대에 당연한 일이다. 하지만 가르치고 배우는 사람들의 생각과 행동 변화는 디지털 기술에 뒤처진다. 사람마다 수준과 반응이 다르고 행동과 태도에서 성장 속도가 제각각이다. 우리가 학교를 길게 다니는 이유이기도 하다.

이 책의 목표는 디지털로 가르치고 배우는 과정에 앞서, 교육적 원리를 먼저 생각해보고 좀 더 나은 디지털 교육성과를 기대하려는 것이다. 다시 말해 디지털을 교육에 현명하게 사용하자는 것이다. 왜냐하면 디지털 교육의 부작용이 커져서 해결하기 복잡해지면 어쩔까 하는 우려가 생겨서이다. 대중 교육은 여러 사람이 모이는 특성으로 당연히 파생되는 문제점이 많다. 하지만 예상하고 대응하면 해결할 수 있다.

이 책의 주제가 디지털 러닝인 이유는 디지털 교육을 담당하는 전문가들이 학습자들을 좀 더 체계적으로 분석하고 이해하자는 의도다. 그래서 가급적 학습자 측면에서 핵심 이슈와 내용을 정리하고자 했다. 독자들은 일선에서 가르치는 교수자의 실전략이 무엇일지 궁금할 것이다. 디지털 교육의 실행에 대한 이슈와 과제는, 곧 출판될 디지털 티칭이라는 다음 책에서 체계적이면서 현실적인 대안을 함께 나누고자 한다.

이 책의 내용 구성을 보면 먼저, 디지털 활용에 앞서 가르치고 배우는 방법적 원리를 살펴보고자 하였다. 아날로그 세대인 교사 그룹과 학생인 디지털 세대가 함께 생활하는 학교의 문화는 변화가 느리지만 항상 우상향하고 있다. 그리고 세대 간의 개성과 차이가 분명히 존재함에도 함께 성장하고 발전하고자 상호 노력한다. 다만 학습자인 수혜자의 각기 다른 성향과 흥미와 관심을 잘 파악하면, 인구축소 시대에 경쟁력 있는 인재를 효율적으로 양성할 수 있는 좋은 전략을 세울 수 있다. 또한 지혜를 모아서 선택하고 집중하면 저비용 고효율의 훌륭한 디지털 학습 전략을 교육전문가와 행정가들이 마련할 수 있을 것으로 판단된다.

어린 학생 한 명을 올바른 성인으로 성장하게 잘 가르쳐서 보람차고 행복한 사회생활을 영위하도록 하려면 다양한 전문가의 도움이 필요하다. 학령기 학생은 학교에서 여러 교과목을 재미있게 잘 배우고, 성장해서는 자신의 타고난 성향과 특성에 맞춤형 진로와 경력을 찾아서 개발해야 한다. 청장년 세대에서는 심신이 건강하게 직장과 사회생활을 하고, 더 나이가 들어서는 주변인들과 행복한 여생을 보낼 수 있게 세대별로 배우고 깨달아야 하는 것들이 많다. 생애 전체에 걸쳐서 시공간의 제약을 줄여주는 디지털을 활용해 배움의 기회를 선택할 수 있다는 것은 훌륭한 복지혜택이 될 수 있다.

하지만 태어나서부터 디지털 기술을 접해온 디지털 세대, 그 이후의 알파 세대들은 디지털 교육으로 인한 여러 부작용의 과제를 해결해야 할 수도 있다. 현재 디지털 교육에 대한 정책을 세우고 실행하는 기성세대들은 앞으로 젊은 세대가 디지털 교육의 부작용에서 최소화되도록 깊이 연구해서 체계적인 전략을 마련해야 한다.

이 책을 쓰면서 그동안 나에게 다양한 연구 과제를 허락해준 기관들이 고마웠다. 책의 장별 이슈와 내용의 근간이 되었다. 책 편집을 위해 애써준 안드레 백송이 대표에게도 감사를 전한다.

[이 책에 대해]

Q1. 이 책을 쓴 이유와 독자 대상은 누구일까?

1.1. 책 쓴 이유

- 디지털을 활용하면 교육의 많은 문제점이 해결될 것이라 보는 시각을 분석해서 디지털 교육의 장점을 적극 활용하자고 주장하고 싶었습니다.
- 원격교육, 이러닝 교육, 디지털 교육을 연구해본 결과 교육의 근본원리와 철학이 탄탄해야 디지털의 장점을 살릴 수 있다고 판단했습니다.
- 디지털 세대는 교육에서도 디지털로 인한 부작용이 발생할 것이라 보여 사전 예방이 필요하다고 생각했습니다.

1.2 독자 대상

- 디지털 활용 교육전문가는 디지털 학습자를 이해할 수 있습니다.
- 디지털 교육 행정가는 정책 수립에 참고 할 수 있습니다.
- 디지털 학습자는 디지털 교육의 기본 원리를 알 수 있습니다.

Q2. 이 책의 읽고 나면 어떤 질문이 생길까?

- **Q 2.1** 나는 교사인데 디지털을 어떻게 수업에 활용해야 하지?
  - 디지털로 가르치는 교수자들을 위한 시리즈 2권이 곧 출판됩니다.

- **Q 2.2** 나는 학부모인데 디지털로 공부하는 아이를 보면 게임을 하는지 의심이 가는데요?
  - 이제 시각을 바꿀 디지털 AI 사회가 되었어요. 디지털 세대를 자녀로

둔 학부모들에게 도움이 되는 시리즈 3권이 출판될 예정입니다. 참고 하시면 되겠습니다.

- **Q 2.3** 디지털 교육은 더욱 확장되는데, 예상되는 부작용을 어떻게 방지하지요?
  - 디지털의 역기능을 감소하기 위한 예방 교육이 필요합니다. 교사, 학생, 학부모 등 전 국민 대상이 되겠지요. 학교와 직장 등 디지털 교육이 이루어지는 곳에서 반복해 예방 교육을 의무화해야 합니다.
- **Q 2.4** 나는 대학생인데 이 부분에 일자리가 많이 생겨날까요?
  - 네, 디지털 교육은 전 세계에서 당분간 산업과 일자리 증가추세일 것이라 보입니다. 다양한 직종과 직군이 있을테니 자신의 전공과 흥미를 고려해서 도전하길 추천합니다.

Q3. 이 책이 디지털 교육 이슈에 가져올 변화는 무엇이라 예상하는가?

- 사회적 변화와 흐름에 급하게 따라가는 디지털 교육의 성과를 체계적으로 분석해보는 관점을 제공할 수 있을 것이라 예상합니다.
- 디지털 교육은 학교급별, 세대별, 직업군별로 교육성과가 다를 수 있어 대상자에 따라 세밀한 전략 수립이 필요합니다. 맞춤형 디지털 교육의 개념을 다시 점검해보는 계기가 되길 바랍니다.
- 디지털 교육은 공급자, 수혜자, 조력자 등 다양한 역할에 따라 책임과 의무가 다릅니다. 향후 역할에 따라 업무가 구분되길 기대합니다.

인구축소 시대 교육 디지털화
시리즈 ①

디지털 러닝

1장
가르치고 배우는 방법의 혁신

01. 우리가 학교에서 얻을 수 있는 것
02. 학교가 사회 변화에 느린 이유
03. 디지털과 공교육의 상생 전략
04. 화려한 디지털 세계와 교육의 연결고리
05. 미래 인재 양성의 방향과 디지털 경쟁력

PART 1 가르치고 배우는 방법의 혁신

01
우리가 학교에서 얻을 수 있는 것

학교는 우리에게 고마운 곳이다.

학교는 우리가 살면서 반드시 거치는 곳이다. 국민 모두는 학생 시절을 경험한다. 학교에서 얻은 귀중한 것들은 무엇일까. 우리는 운동장, 교실에서 만난 선생님, 친구들과 이러저러한 추억과 기억이 참 많다. 학생 시절을 보낸 결과로 얻은 수확이다.

어린 시절 다녔던 동네 운동장을 한번 그려보자. 학생들은 운동장에서 주로 뛰어다닌다. 우리는 넓은 운동장에서 친구들과 뛰어놀고 가끔은 싸우고 뒹굴었다. 초등 저학년 학생들은 체육 과목을 특히 좋아한다. 운동장 외에 학교에는 교실, 보건실, 과학실, 컴퓨터실, 식당 등 다양한 시설이 있다. 다양한 과목 담당 선생님들과 수업하면서 대화하고 눈치 보는 것도 학교에서 얻을 수 있는 귀한 경험이다.

학교는 다양한 학생들이 모인 곳이기 때문에 기대하지 않았던 부정적인 것들을 얻기도 한다. 학생들끼리 갈라치기를 하거나 폭력이 생기기도 하며, 학생들은 수준별 수업 과정에서 포기와 좌절을 경험한다. 학교의 오래된 관습과 문화, 학생의 성장보다 능력 위주로 평가하기, 사회경제적 계층 격차를 답습하기도 한다. 이런 환경 속에서 학교 구성원들과 학부모들이 대립하거나 싸우기도 하지만, 이런 것은 일상에서 우리가 흔하게 접하는 문제들이다.

따라서 학교는 우리에게 세상을 살아가는 방법을 가르치는 고마운 곳이다.

> **학교는 사회에서 유용한 것들을 가르친다.**

자, 이제 학교에서 가르치는 내용을 한번 분석해보자. 우리나라의 초등학교, 중학교, 고등학교는 공식적인 교육과정을 통해 학년별, 학급별로 배워야 할 교과목을 결정한다. 국어, 영어, 수학, 사회, 과학, 음악, 미술, 체육, 기술/가정/실과, 도덕 과목은 초등학교 1학년부터 중학교 3학년까지 전체 9학년 동안 배우는 국민공통기본 교육과정이다.

17개 시도 교육청은 중앙에서 만든 공식적인 교육과정을 지역 특성에 맞게 운영하도록, 지역 전체 학교에 예산부터 학교 환경 등 여러 가지를 지원하고 관리하는 곳이다. 교사들은 교실 수준에 맞게 교육과성을 새 구성해서 학생들에게 전달한다. 따라서 학교마다 교실마다 수업의 실제 내용과 활동은 약간씩 차이가 난다. 이것을 전문 용어로 '실제적인 교육과정'이라고 부른다.

초등학교 학생들은 학교에서 교과목별로 유능한 사회인으로 살아가는 데 필요한 기본 지식과 사회생활에 필요한 바람직한 정서와 문화를 배운다. 친구와 사이좋게 지내기, 줄서기, 기다리기, 시간에 맞추어 공부하기, 영양소 갖추어 식사하기를 배운다. 사소해 보이지만 우리가 건강한 사회인으로 평생을 사는 데 중요한 내용이다.

고등학교 수업은 모두 선택 과목이다. 대학 진학이나 취업을 통해 사회에 좀 더 접근하는 시기이다. 고등학교는 크게 일반고, 특수목적고, 자율고, 영재고, 특성화고, 대안학교 등 여러 종류가 있다. 졸업 이후 진로와 연결해서 교육과정이 약간씩 차이가 난다. 대학 진학 예정 학생은 대학수학능력 시험 교과목을 학교에서 공부하고, 취업 예정 학생들은 산업군과 직종에 따라 직장에 적응할 준비를 한다.

그렇다면, 학교는 과연 우리에게 유익하고 유용한 곳인가. 고등학교를 이미 졸업한 사람들에게 중고등학교 6년을 다시 다니는 조건으로 1억 원을 제시한다면 제안을 받을 것인가. 연간 약 1,600만 원 정도 되는 돈이다. 그다지 좋은 추억이 없다면, 더 나아가 최저임금에 미치지 않는 금액이라면 대부분은 거절하지 않을까 싶다. 어릴 때는 학교가 최고의 장소였지만 성인이 되면 잊어버리는 곳이 학교이다. 학교는 비옥한 땅의 비료와 같은 역할을 한다.

그런데 이제 학교에서만 배울 수 있던 내용을 인터넷에서 모두 배울 수 있는 세상이 되었다. 디지털의 세계가 열린 것이다. 학생들에게는 다양한 배움의 기회가 생겼고, 선생님들에게는 유능한 교사가 되기 위해 고군분투해야 하는 위기가 되었다. 학부모들은 자녀 지도와 관리가 복잡해졌다.

> **학교는 필수
> 불가결의 동상이몽
> 장소다.**

교실로 들어가 보자. 선생님들은 무엇을 하는 사람들일까. 학생들에게 세상의 지혜를 과목별로 알려주고 그 쓰임새를 깨닫게 해주는 사람들이다. 선생님은 어린 학생들에게 세상을 보는 눈을 밝혀줄 귀하고 좋은 직업이다. 다만 학생들은 교실에 앉아 있는 그 순간 선생님이 전해주는 그 지혜가 왜 중요한지 알지 못한다는 것이 아쉬울 뿐이다.

선생님은 만반의 수업 준비와 함께 교실에 오지만, 학생들은 별반 준비 없이 교실에 온다. 선생님과 학생들은 수업 시간에 상호 바라는 희망 사항이 다르다. 선생님은 수업 진도를 부지런히 나가야 하지만, 학생들은 수업이 그냥 빨리 끝나기를 바란다. 학생들은 인내를 요구하는 공부가 싫고 지루하다. 동상이몽이다.

대도시 학교 학생들은 대부분 방과 후에 보충 심화 학습을 위해 학원에 간다. 학원에서 예습 복습 그리고 선행학습을 한다. 학원에서 이미 배웠거나 배울 예정이라 학원만 믿으면 되는 학생들은 학교의 교실 수업에 집중하지 않는다. 공부를 아예 포기해 버린 학생들은 교실 수업이 더 지루하다. 그냥 시간을 보내고 점심 식사하려고 학교에 왔기 때문이다. 오히려 배울 곳이 학교 교실뿐이고, 가르칠 사람도 학교의 선생님뿐이라면 교실 분위기는 아주 좋아진다. 이렇게 되면 학생 상호 간, 교사와 학생 간 서로 의지하는데, 이러한 모습은 소멸 지역 작은 규모 학교에서 종종 발견된다.

신념을 가지고 중소도시 학교에 다니는 학생과 학부모들은 학교 수업에만 집중할 수 있는 소소한 지방의 환경을 선호한다. 작은 시골 학교에서 인성, 정서, 사회성 교육이 잘 실천될 수 있다. 교사 한 명이 적은 수의 학생들을 더 잘 관찰하고 지도할 수 있어서다. 특히 초등학교 저학년 학생들이라면 교실에서 경험해야 할 중요한 것들이 있다. 선생님인 어른과 대화하는 방법, 또래 친구들과 사이좋게 지내는 방법, 공부를 통해 세상을 알아가는 방법, 자신을 알아가고 일상에서 자신감을 쌓아가는 방법, 이것은 나중에 어린 학생들이 어른이 되면 세상을 좀 더 행복하게 살아가는 방법이기도 하다.

그런데 아이러니하게 집값이 매우 비싸다는 학군은 실상 학교보다 학원이 유명한 동네이다. 학령기 학생들, 그리고 대학생들은 헌법에 명시된 배우는 기회의 보장과 교육을 통한 희망사다리를 믿고 있을까. 디지털 대전환 시대가 되면 우리는 디지털 기술의 혜택으로 유능한 인재가 될 수 있을까. 가르치고 배우는 문제는 시대의 흐름과 관계없이 항상 문제가 있다고 하지만, 답습한 오답은 처리해야 하지 않을까. 생각해 볼 문제가 산재하다.

앞으로 우리는 스스로 자신을 가르치고 배우는 디지털 학습 시대를 기대하지만, 그래도 학교 교육은 우리의 소중한 자산이라 우리가 계속 지키고 지원해야 할 것이다. 인구축소 시대에 보물 같은 미래 인재들이 모두 동네 학교를 거쳐서 사회에 등장하기 때문이다.

PART 1 가르치고 배우는 방법의 혁신

02
학교가 사회 변화에 느린 이유

학교는 이미 검증된 것만 가르친다.

학교 교육은 나라별로 다르지만 대략 수백 년의 역사를 가진다. 오래된 만큼 학교의 교육과정은 몇 가지 지켜야 하는 원칙이 있다. 먼저 학교에서 가르치는 교과별 내용은 여러모로 검증된 타당한 것들로 구성해야 한다. 예를 들어 초등학생들이 배우는 내용은 전 국민이 알아야 하는 기본 상식이다. 상식은 언제 어디서나 통하고 모두가 옳다고 판단하는 지식을 의미한다.

초등학생들에게 검증 안 된 혁신적인 신지식을 가르치는 것은 부작용을 고려할 때 위험부담이 크다. 이것은 대학 교육에서 가능하다. 대학 교육은 선택 교육이라서 창의적이고 도전적인 지식을 배우고 경험할 수 있다. 창의와 도전에는 찬반이 있기 마련이다. 학생들은 고교졸업까지 현재 시점에서 검증이 완료된 과거의 지식을 배우는 것이라고 보면 된다.

학교에서 다루지 않는 내용 중에 전문 용어로 영교육과정이라는 것이 있다. 여기서 영은 영어로는 null, 아라비아 숫자로는 0으로 내용이 없다는 의미다. 교과별로 공식적인 교육과정에 아예 포함되지 않거나, 가르치는 교사가 시간이나 환경제약 등의 이유로 빠트리거나 혹은 가르치지 않는 것을 의미한다. 예를 들면, 다양한 재테크 방법, 부모 교육, 인간관계 등이다. 시간이 흘러 한참 후에 공식 교육과정에 포함될 수도 있지만, 가르치고 배우는데 타이밍도 중요한 요소라서 합리적인 결정이 교육에 매우 중요하다.

아날로그 시대에는 학교에서 못 배우면 기회가 아예 없어서, 잘 가르치는 좋은 학교, 능력이 뛰어난 선생님을 찾아다녔다. 요즘에는 상황이 달라졌다. 디지털 학습의 시대가 찾아왔다. 유튜브 시청을 한번 생각해 보자. 전 세계 사람들이 언제 어디서든 궁금한 것을 찾아 들어가 누군가의 의견을 들을 수 있는 곳이다. 이곳에서 송출되는 내용은 최소의 윤리 도덕적인 사항을 제외하고 전문적 측면에서 타당성과 신뢰성을 검증하지 않는다. 시청자의 주의가 필요하다.

어린 학생들도 유튜브 시청이 가능함으로 누구든지 무엇이든지 배우고 싶은 의지만 있으면 많은 것을 보고 배울 수 있다. 반면 우려되는 점은 폭력이나 위험하고 비윤리적인 내용에 대한 노출이다. 학교의 공식적 교육과정 외에 비공식적으로 학습하는 환경을 관리해야 하는지 논란이 있겠지만, 미성년자에게는 당연히 사회적 지도가 필요한 사회교육의 영역이 될 수도 있다.

> **학교에서 학생들은 관리 대상이다.**

우리 주변의 초등학교, 중학교는 다양한 학령기 학생들이 모이는 곳이다. 학생 개인의 가정환경, 경제 상황, 문화와 정서, 생각과 행동의 차이가 매우 크다. 어린 학생들은 다양한 부류의 사람들과 지내본 경험이 적다. 학교는 여러 배경과 성향의 친구들이 모인 곳이라 학생들 상호 간에 대화, 타협, 갈등의 대인관계를 배우는 실험의 장소이다.

코로나19 기간 학생들은 학교에서 자주 모이지 못해 사회성을 기를 기회가 적었다. 이런 배경이 학생들의 정서 격차의 원인 중 하나가 되었고, 언론 기사처럼 학교 폭력 증가로 이어졌을 수 있다. 교사 1인이 20명 넘는 학생을 매일 일일이 관찰하고 관리하기는 어렵다. 사건 사고 없이 하루를 지내는 것이 학교와 교사들의 커다란 바람이다. 학교에서 문제가 발생하면 학교장과 교사들 외에 학부모와 학생이 공동으로 책임을 지고 해결해야 한다. 학생 성장기에 발생하는 자잘한 문제는 해결의 대상이지 행동 금지 대상이 아니다. 학생들이 합법적으로 도전하고 탐험하는 기회는 많아야 한다.

학교 교육과정은 이미 정해진 내용이므로 교사들은 수업 방법과 활동에서 변화를 추구한다. 그런데 수업 시간은 초등학교 40분, 중학교 45분, 고등학교 50분으로 정해져 있다. 교사들은 정해진 수업 시간에 정해진 교육 내용을 전달하기에 바쁘다. 교사들의 수업을 보완해 줄 방법으로 디지털 기술의 힘을 빌리지만, 기계 관리까지 하게 되면 과중한 업무가 생긴다. 결국 교사는 학교에서 수업과 생활지도로 학생 관리에 매진해야 하므로 교사들의 업무 과중은 시스템적으로 축소되어야 개별 학생 관리에 좀 더 매진할 수 있다.

❝ 학생들의 사회 변화 적응력은 높다.

디지털 사회로의 변화에 가장 적응 빠른 학교 구성원은 학생이다. 교사와 학부모들은 일부 편견과 선입견이 많다. 지금도 그런 현상이 있지만, 10여 년 전에도 학부모들은 교실에서 인터넷과 컴퓨터 사용을 반대했었다. 공부란 모름지기 책과 연필과 선생님의 말씀에 집중해야 한다는 전통과 관습 때문일 것이다.

이런 편견은 유치원부터 대학까지 전국의 모든 학교가 원격수업으로 전환했던 코로나 시기에 깨졌다. 학생들의 디지털 적응력은 놀라웠고, OECD(*Organization for Economic Co-operation and Development*)가 발표한 2022년 기준 국제 학업성취도 평가(*PISA: Program for International Student Assessment*)에서 우리나라 학생들의 학업 능력은 수학 6위, 과학 5위, 읽기 4위로 종합 세계 5위에 올랐다.

코로나 시기 이후 대학 교실에서 바뀐 모습은 학생들이 탭이나 노트북을 열고 수업을 시작한다는 것이다. 학생들이 디지털에 익숙해지니 가르치는 교강사도 전자 칠판과 컴퓨터로 수업을 진행한다. 두꺼운 교재 대신 내용을 요약한 파일을 열고, 인터넷을 찾아다니며 수업 내용을 전자펜으로 정리한다. 과제물은 사이버캠퍼스 자료실에 올리고, 시험도 온라인으로 본다.

초등학교부터 디지털과 함께 일상을 보내는 학생들이 사회에 나가면 어떻게 직장생활을 할지 한번 상상해 보자. 2020년부터 2023년까지의 디지털 적응기를 거친 학생들은 배우는 과정도 배운 것을 활용하는 결과와 성과도, 이전 세대와 확연히 다를 것이다. 이제는 교사가 학생을 집중 연구하고 부모가 자녀를 분석하는 노력이 필요하다.

지금 학령기 학생들이 사회에 진출하는 5~10년 뒤가 되면 AI 기술이 예상보다 훨씬 곳곳에서 활용될 것이고, 가정생활과 업무 환경도 크게 달라질 것이다. 사회 변화의 흐름을 알고 대응하는 노력은 모든 세대에게 필요하지만, 기성세대를 보고 따라하면서 배우고 성장했던 사회적 관습에도 더 큰 변화가 예상된다. 나이와 무관하게 필요한 것을 찾아서 스스로 배우는 평생 교육 문화가 더욱 필요한 시대가 되었다. 디지털 기술이 기회와 내용의 확장을 뒷받침 해준다. 학습자의 안목이 중요한 시대가 되었다.

PART 1 가르치고 배우는 방법의 혁신

03
디지털과 공교육의 상생 전략

**교사는
핵심 업무에
집중해야 한다.**

교사는 학생들에게 담당 교과목을 일정에 맞추어 가르치고 학교생활을 지도하는 전문가이다. 교사가 대학에서 수련하는 과정은 예전과 크게 다르지 않다. 예비 교사들은 전자 칠판이나 화이트보드를 배경으로 학생들을 바라보면서 큰 소리로 수업 진행하는 연습을 한다.

OECD 평균 초등 교사 1인이 담당하는 학생 수는 14명 내외이다. 우리나라도 전체로는 OECD 평균에 근접하지만, 지역별 학교별 편차는 크다. 학부모들이 학군에 민감하기 때문이다. 교사 1인이 초등학생 25명을 수업하면서 동시에 생활지도까지 하는 것은 힘든 업무이다. 수십 년 전 한 반 학생이 70~80명까지 된 시절도 있었다. 그 당시 우리나라는 후진국이었고, 지금은 선진국이다.

교실에서 관심을 주어야 하는 학생(교사가 예의 주시해야 하는 학습 부진 학생, 신체 및 정서 장애 학생, 다문화 학생 등) 수가 여럿이라면 수업의 질은 확연히 떨어진다. 정해진 시간에 수업을 운영하면서 문제가 발생하면 대처하는 시간이 필요하고, 동시에 수업 진도를 나가다 보면 결국 이것저것 부실한 결과를 가져오기도 한다. 디지털 학습의 대안 전략이 필요한 이유가 여기에 있다.

우리나라 통계청에서 2022년 초중고 학생들의 사교육 지출 비용을 26조 원, 사교육 참여율이 78.3%로 발표했다. 1인당 월평균으로는 41만 원이 된다. 교육비 과다 지출은 출생률이 낮아지는 원인 중 하나이다. 한 가구에 자녀가 2명이면 평균 80만 원 넘는 비용을 사교육에다 써야 한다. 한두 해가 아니고 대학에 들어갈 때까지 줄잡아 12년이다.

사교육이 필요한 이유는 학생 개인에게 맞는 수준별 학습, 보충학습, 선행학습, 적성에 맞는 교육, 질 높은 선진교육 등이다. 자유 민주주의에서 사교육을 근절하기는 어렵겠지만 줄일 수는 있을 것이다. 사교육 축소를 위해 공교육에서 대안을 마련해야 한다. 특히 교사들을 도와줄 대안 전략이 필요한데, 그것이 공교육 범위의 디지털 교육 환경에서 개별 학생들을 돕는 것이다.

> **디지털 학습의 가능성은 확장할 수 있다.**

학교에서 디지털 활용 수업은 17개 시도 어디서나 필수 요소가 되었다. 이러한 디지털 전환기는 코로나19 기간 비대면 수업을 통해 완성되었다. 수업에 활용되는 디지털 기술도 이전보다 진화해서 활용 범위가 다양하고 재미와 흥미 요소가 많아졌다. 물론 상업용 게임만큼 흥미진진하지는 않다. 어디까지나 교육용이고 수업 목표 달성에 초점이 맞추어져 있기 때문이다.

학교가 디지털 기술을 활발하게 사용하려면 교사들의 디지털 활용 능력이 일정 수준에 도달해야 한다. 기기와 콘텐츠를 활용하고 재미 요소를 포함하기 위해 교사 자신이 일부 간단한 제작이 가능할 정도의 활용 능력이 필요할 수 있다. 그런데 예비 교사를 양성하는 교육대학과 사범대학은 아직 교원 양성 교육과정에 디지털 활용을 적극적으로 포함하지 못하고 있다. 졸업학점 대비 교과목 추가의 여유가 없고, 디지털 능력을 제대로 가르칠 수 있는 교강사도 구하기 어렵다.

앞으로 인구축소와 사회 구조의 변화, 소멸 도시는 예측된 미래이다. 대도시 학교 학생과 교사도 감소가 예상된다. 학생들은 학교에서 다양한 경험을 하며 지식을 공부해야 하는데, 학교에 구성원 수가 부족하면 예산, 시설, 환경, 수업 활동 모두 부족해진다. 앞으로 적은 예산으로 반복 활용이 가능한 디지털 기반 체험교육 과정을 적극적으로 만들어 공유하고 교사 업무도 지원해야 할 것이다.

> **디지털 교육으로 계층 사다리를 여러 개 놓아보자.**

학교에서 사용하는 디지털 기기와 콘텐츠는 선생님의 업무를 지원하고 학생들의 학습을 도와주기 위한 목적이다. 농·산·어촌의 소도시로 가면 초등학교의 컴퓨터실은 동네 학생들에게 놀이터나 마찬가지다.

학교에서 배우는 내용이 디지털 학습자료로 갖추어져 있고, 교과목별 심화, 보충학습 외의 비교과 활동도 가능하다. 방과 후 돌봄 학습 관련 내용도 있다.

학교에서 시간을 보내는 학생들에게 학교는 훌륭하고 바람직한 놀이터가 될 수 있다. 학교와 교실 규모가 작을수록 더 좋다. 수업 시간에는 선생님과 여러 가지 활동을 할 수 있고, 디지털 기기 활용 빈도와 밀도가 훨씬 높을 수 있다. 수업이 끝나고 방과 후 프로그램에서는 학교시설을 자유로 사용하면서 여러 활동을 할 수 있다. 현재 전국의 초등학교는 시설과 장비가 거의 평준화되어 있다.

현재 전국 모든 학교에서 반영하는 2015 교육과정에 이어 2022 개정 교육과정에서는 디지털 활용 교육이 더 강조된다. 특히, 다문화가정 학생, 학습 부진 학생, 보살핌이 필요한 장애 학생, 저소득층이나 조손 가정 학생, 한 부모 가정 학생들에게 디지털 활용은 환경 극복의 좋은 도구가 될 수 있다. 다만 어린 학생들은 디지털 정보 관리나 예절 등 디지털 문해력을 먼저 교육해야 한다. 자칫 오용으로 부작용이 커질까 싶어서다.

학교 선생님들의 연수는 두 가지를 생각하면 된다. 먼저 예비 교사 훈련 과정에서 디지털 활용에 대한 자신감이 생기도록 대학 교육과정의 수업 방법을 개선해야 한다. 시간이 걸리는 문제라서 빨리 시작해야 한다. 두 번째는 현장 교사 연수 과정에 교사 개인 컨설팅이 필요하다. 개별 교사의 수준과 능력의 차이가 큰데, 방학 중 실시하는 단체 연수 과정에서 개별 교사의 능력을 급성장시키기는 어렵다. 온라인 컨설팅도 가능하다.

교육은 비용이 많이 든다. 학생이 상위 수준의 학교를 나와 외국에서 유학하고 좋은 직장에 취업하려면 학생 능력과 가정환경이 협력해야 한다. 학생이 어린 학령기에 좌절과 포기하지 않도록 교육에서 계층 사다리의 문이 모두에게 개방될 수 있어야 한다. 학교에서는 단지 학교 수업 내용뿐 아니라 학생들의 학업 가이드, 동기 유발, 멘토 지원 등 디지털로 제공이 가능한 서비스의 영역을 넓혀야 한다. AI 기술로 이러한 서비스 제공의 가능성은 더욱 넓어졌다.

PART 1. 가르치고 배우는 방법의 혁신

04
화려한 디지털 세계와 교육의 연결고리

앞으로 펼쳐질 디지털 세상은 화려하다.

우리의 일상은 인터넷 기반에서 돌아간다. 스마트폰 알람이 아침을 깨우고, 집안의 스마트 패드에서 바깥 온도를 확인하고 엘리베이터를 부른다. 지하 주차장에서 차 위치를 스마트폰으로 확인한 뒤 출근길에 픽업할 모닝커피와 베이글을 주문한다. 수년 전만 해도 영화에서 보던 모습이었다. 이제는 눈앞의 현실이다.

여기 화려한 디지털 기술이 학교에 접목된 모습을 볼 수 있는 시나리오가 있다. 초등 6학년 나미래 학생은 아침에 짹짹거리는 새소리에 눈을 떠서 디지털 패드가 보여주는 오늘의 의상으로 갈아입고, 영양소에 맞춘 간단한 식사를 한다. 학교 정문에서는 자동 센서가 미래 학생의 기분 상태와 건강정보를 교실의 패드로 송신한다. 교사는 미래의 상태에 맞는 수업 활동을 선택해 입력한다. 미래는 교실에서 친구들과 하루를 즐겁게 생활하고, 집에 도착해 메타버스에 접속한다. 미래는 직장에 있는 부모에게 오늘 학교생활에 대해 알려주고, 애완견을 산책시키러 나간다.

이것은 소설이 아니고, 이미 2020년 초 우리나라 스마트시티에 설립될 스마트 학교의 시나리오를 설계했던 모습이다. 미래가 교실에서 수업하는 모습은 더욱 화려하다. 미래는 자신에게 맞춤식 수업을 선택할 수 있고, 친구들과 따로 또 같이 여러 활동을 할 수 있다. 현재의 보통 교실에서처럼 수업 시간에 교사의 설명에 집중하고, 긴장한 상태로 동료 친구들에게 뒤지지 않을까 걱정하지 않아도 된다. 디지털 기계가 자신에게 맞추니까 재미있게 새로운 것을 탐험하려는 동기와 의지만 유지하면 된다. 학생이 옆길로 새면 기계가 경고를 주고, 디지털 멘토가 등장해서 다시 안내한다.

물론 학교의 시설, 디지털과 인공지능 기술의 교육적 접목, 교사의 활용 능력 등 제반 조건이 수반되어야 하지만 지금 수준에서도 일정 부분 응용이 가능한 일이다. 그런데 이렇게 하기 위해서는 소프트웨어, 즉 수업 내용 재구성과 수업 활동의 개선, 학생과 학부모의 인식 개선과 협조가 필요하다.

> **평생 교육도 디지털 활용이 대세다.**

은퇴하신 분 들이 오랜만에 집 밖을 나오면 지하철과 버스 대기 시간, 식당에서 키오스크 주문, 편의점에서 스마트폰 계산, 핸드폰으로 카페 메뉴 주문하기 등 디지털 기술이 자꾸 진화해서 깜짝 놀랄 때가 있다고 한다. 지금은 시니어 대상의 평생교육원이나 시민대학, 노인대학에서 현실에 유용한 디지털 기술을 사용하는 방법을 가르치는 디지털 교육이 대세의 흐름이다.

수년 전 충남 중소도시의 어르신들이 다니는 한글 대학에서 한글을 깨치면 가장 먼저 하고 싶은 것을 조사해 보니, 자녀 손주들과 핸드폰 문자를 나누고 싶다고 답했다. 다음은, 혼자서 시간 맞추어 대중교통을 이용해 각종 업무를 보고 인터넷 뱅킹을 스스로 하고 싶어 했다. 물론 어르신 중에는 블로그나 유튜버로 활발히 활동하시는 분들이 많다. 디지털 세계에 빨리 적응하신 얼리 어답터들이다.

최근 평생 교육은 대상의 폭과 내용의 깊이가 모두 확장되었다. 재취업을 원하는 은퇴자, 경력이 단절된 여성 인력, 사회에 일찍 진출하고 싶은 학령기 학생, 전공을 전환하려는 대학생들이 모두 대상이다. 이들은 직장에서 일하면서 사이버 평생 교육 기관에서 교육받을 수 있다. 사이버 교육 전문 기관뿐 아니라 일반대학에서도 온라인 학위과정이나 수료증 과정이 많다. 미국의 아이비리그 대학들도 온라인 석박사 과정을 운영하고 있다. 그러나 개인의 노력과 비용은 소요된다.

배우려는 의지가 있으면 기회는 모든 연령대에서 가능하다. 방송통신중학교와 방송통신고등학교, 방송통신대학교는 배움의 기회를 놓친 사람들이 선택할 좋은 기회이다. 대부분의 수업이 인터넷상에서 이루어지고 필요시에만 주말을 이용해 집합으로 교육한다. 비용도 무료이거나 아주 저렴해서 배우려는 의지와 열정만 있으면 나이도 지역도 상관없다. 이제 배울 기회를 놓쳤다는 말은 통하지 않게 되었다.

> **디지털 교육에서도 대면 소통이 필요하다.**

초등과 중등교사 연수에서 교육과 디지털 테크놀로지의 미래를 토론하다 보면 반드시 나오는 질문이 있다. 미래에 학교는 존재할까요? 교사 직업이 없어질까요? 현재로서는 절대 그럴 리가 없다는 것이 중론이다. 부모가 귀한 자녀를 맡길 만큼 기계를 아직 신뢰할 수 없다.

그런 이유를 한번 따져보자. 학교는 학령기 학생들에게 사회에 유용한 지식과 경험을 가르치는 동시에 부모들이 사회생활을 영위할 수 있도록 학생 생활지도를 하는 곳이다. 코로나19 시기에 학교가 문을 닫자, 학생들이 가정에서 원격수업 대신 동네를 배회하고 다닌 사례가 있었다. 다행히 모든 곳이 문을 닫은 상황이라 큰 사고는 아니었지만 잔잔한 사고는 있었다.

대학도 마찬가지다. 신입생들은 대학 캠퍼스의 낯선 곳에서 사회생활을 시작한다. 타지에서 온 친구를 사귀고 수강하는 과목별로 각기 다른 특성의 교수님들에게 맞추고, 동아리와 여러 행사 등 대학 내 다양한 공간에서 발생하는 문제를 스스로 해결해야 한다. 이런 직접 경험을 통해 20대 초반의 대학생들이 자기 주도적이고 독립적인 사회인으로 성장하게 된다. 디지털로 운영하는 온라인 대학들도 학기별로 몇 번은 집합해서 함께 활동하고 동료들과 대화의 시간을 갖는 이유가 여기에 있다.

미래에 학교 교육과 디지털 기술은 상호 보완의 상생 전략을 만들어 가야 한다. 핵심은 학교 교육과정에 디지털 기술을 도구로 활용하는 것이다. 디지털이 앞으로 먼저 치고 나가면 안 된다. 도구의 용도를 분명하게 설정하고 전문가인 교사들의 안내하에 학생들이 효과적으로 사용해야 할 것이다. 교사는 디지털 기술을 무엇에 활용할 것이며, 그 도구를 어떻게 활용하는 것이 학생들에게 도움이 되는지 잘 분석해야 한다. 기술을 개발하는 주체와 사용하는 학교 양측 모두가 교육적 성과에 초점을 맞추어야 한다.

PART 1 가르치고 배우는 방법의 혁신

05
미래 인재 양성의 방향과 디지털 경쟁력

**디지털 경쟁력은
전문 지식과
기술 경험에 달렸다.**

우리나라는 디지털 강국이다. IMD(International Institute for Management Development, 세계경영개발) 기구에서 발표한 우리나라의 디지털 경쟁력은 2023년 기준 세계 6위이다. 하지만 세부 지표에서 편차를 보인다. 디지털 미래에 대한 준비도는 1위인데, 디지털 기술 발전과 지식의 경쟁력은 10위 근처이며 2019년 이후 큰 발전이 없다. 디지털 지식 측면에서 디지털 기술의 숙련도, 디지털 교육투자 비용, R&D 성과, 여성 연구 인력 등은 앞으로 개선해야 할 세부 사항들이다.

IMD 분석에서 64개국 중 1위를 한 미국은 미래 준비도는 우리나라보다 1단계 낮은 2위지만 지식과 기술 분야가 고르게 상위권이다. 전체 2위인 네덜란드와 3위인 싱가포르도 세부 지표가 고르게 분포된 점이 우리와 다르다. 지식과 기술의 발전은 시간과 비용 투자가 필수적으로 수반되어야 하는 부분이다. 그리고 이것은 정책적인 면이다. 상위에서 선택과 결정할 것이 있고, 하위에서 실행할 것이 각기 다르다.

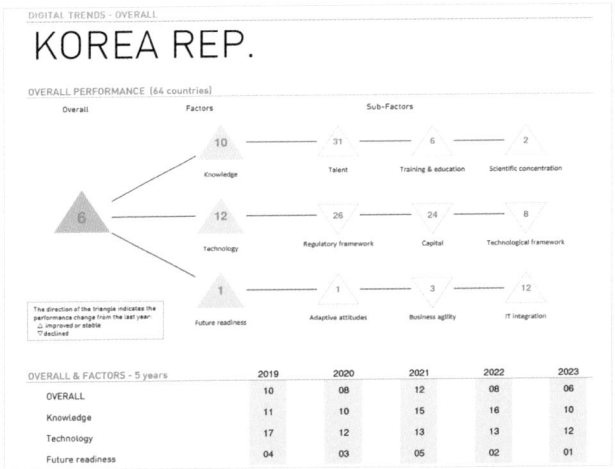

출처 | IMD: https://worldcompetitiveness.imd.org/countryprofile/KR/digital

전문가들도 고급 지식을 단기간에 습득하거나 기술개발 노하우를 급속으로 축적하기 어렵다. 지식을 융합하고 숙성하는데 일정 시간의 숙성과정이 필요하다. 이 과정에서는 잘 가르칠 수 있는 사람과 지도 방법도 중요하다. 종합적인 인재 확보와 양성 전략은 놀라운 기술개발의 속도와 결과만 따지기 전에 구체적으로 세부사항이 마련되어야 한다.

> **창의·융합적 인재는 시간과 비용이 결정한다.**

초등학교부터 대학교까지 학생들이 미래에 장착할 능력으로 창의와 융합 역량을 꼽는다. 사고와 성과가 창의적이어야 하고, 지식은 융합적이어야 한다는 의미이다. 일반 학생들이 배우는 교육과정을 살펴보면 이것이 얼마나 어려운 과제인지 알 수 있다. 물론 전국에서 선발하는 영재과학고, 카이스트를 비롯한 대구, 울산, 광주과학원 같은 기술 과학 분야 특수목적 교육 기관은 제외하고 하는 말이다.

교육청과 교육부의 지휘 감독 관리하에 표준화된 교육과정을 바탕으로, 질 높은 교육체계와 시스템을 확보해야 하는 교육 기관들은 가장 먼저 예산과 싸워야 한다. 예를 들어, 사립대학은 오랫동안 동결된 등록금 예산과 씨름 중인데 고정비인 인건비 비중은 날로 늘어가고 있다. 이것은 우수한 교수 인력 확보와 연구비 등 고도의 지식과 기술 경쟁력 개발에 쓸 돈이 부족하다는 의미이다. 신입생 인구 감소와 함께 전국 대부분 대학은 직격탄을 맞았다.

초중고교 학생들이 자신의 진로에 대한 꿈과 희망을 품고 창의적인 사고를 하려면, 도전하고 실패해도 격려받고 다시 시작하는 도전과

응전의 시간을 거쳐야 한다. 현실은 어떤가. 실패가 두려워 아무것도 못해 결과로 뭘 시도조차 하지 않는 인재를 만들고 있지 않은지 뒤돌아봐야 한다. 학생들은 자신이 세운 꿈과 도전에 대해 가정과 교실에서 격려받아야 한다. 그런데 학생들의 꿈이 애초에 주어진 선택지 문항 중 어른들이 인정하는 1개를 골라야 한다면, 창의력과 융합 능력은 접어두고 시작하는 것이 된다.

그래서 중앙정부부터 지방 정부까지 교육정책을 수립하고 실천하는 교육전문가들에게 제안하고 싶다. 초등 고학년부터 학생들의 적성과 성향을 시기별로 분석해서 자신을 먼저 잘 파악하게 하는 것이다. 부모의 희망보다 학생 자신의 희망을 중심으로 진로 체계를 세우고, 대학입시에서 진로와 전공 선택에 대해 전문가 그룹으로부터 멘토링과 코칭을 받으면서 자신의 진로를 설계한다. 그리고 대학에서 역시 개별 멘토링을 통해 구체적인 직업과 경력설계를 지도받으면 학생들의 자신감이 지금보다 높아질 수 있다. 멘토링과 코칭을 위한 전문가들은 은퇴한 교사 그룹이나 전문분야의 자원봉사자로 구성할 수도 있다. 모두 온라인상에서 운영이 가능하다. 다국적 기업들도 이렇게 디지털로 인재를 확보하고 양성한다. 지방 학생들의 혜택이 클 것이다.

> **코딩의 장단점을 알고 가르치자.**

경쟁력을 갖춘 미래 인재는 창의적 문제해결 능력이 있어야 한다. 학생들에게 코딩 교육을 강조하는 이유이다. 코딩을 배우는 과정은 체계적이고 논리적인 사고력이 필수적이고, 주어진 문제를 해결하려면 이런저런 해결 방법을 시도하면서 창의 융합적 사고가 향상된다.

디지털과 인공지능이 사회의 근간이 되는 시대를 짊어질 젊은 세대에게 컴퓨터와 디지털의 원리를 이해하고 다루는 방법을 아는 것은 중요하다. 코딩 교육을 통해 우리가 매일 사용하는 앱의 작동 원리나 개발 과정을 일찍 배우면 앞으로 사회와 산업의 구조가 어떻게 변화될지 알 수 있고 대응하기 쉬워진다.

그런데, 창의적 문제해결 능력이 향상되려면 유사한 여러 문제를 해결해 본 경험과 능력이 비슷한 동료들과의 협업이 필요하다. 시간에 조급하고 아무 방해 없이 혼자 학습하는 데 익숙한 학생들은 창의적이고 융합적인 결과물을 만들어내기 어렵다. 혼자서만 잘하는 교육문화는 코딩 교육에서 한계점에 봉착하게 된다.

따라서, 지구력과 끈기가 필요한 코딩 교육이 학생의 개인 성향과 맞지 않거나, 함께하는 협업보다 요령 위주로 문제해결을 가르치면 최상의 결과물은 나오기 어렵다. 학생이 충분한 시간을 가지고 실수해도 괜찮다는 격려와 함께 연습해야 하는데, 조급하거나 경쟁심이 넘치면 문제해결을 완수하려는 동기와 사기가 꺾이게 된다. 건너뛰는 요령과 변칙 위주의 생각 습관이 길러지면 고급 지식과 경험의 비싼 노하우는 멀어진다. 길게 보면 국가적인 손해가 될 수도 있다.

2장
디지털 세대와 아날로그 세대가 모인 학교문화

01. 각자도생하는 디지털 네이티브 세대
02. MZ 세대와 알파 세대의 학습 동기
03. 디지털 시대에 필요한 소통의 기본 원리
04. 학교조직에서 아날로그 세대의 특징
05. 수업 방법의 디지털화

PART 2 디지털 세대와 아날로그 세대가 모인 학교문화

01
각자도생하는 디지털 네이티브 세대

디지털 세대는 이전 세대와 다르다.

1980년부터 2000년대 초반까지 출생한 세대를 밀레니엄 세대라고 부른다. 이들은 살아온 인생 대부분을 탭이나 노트북 컴퓨터, 스마트폰을 지니고 살아왔다. 이들을 디지털 네이티브 세대라고 부른다. 태어나 보니 세상이 이미 디지털화되어 있었다.

이들이 살아가는 방식은 기존 세대와 아주 다르다. 사이버상에서만 만나는 친구들도 있다. 전 세계 어디나 법적 하자가 없으면 거침없이 왕래할 수 있다고 생각한다. 직업에 대한 개념이 자유롭고, 인생을 이렇게 저렇게 살아야 한다는 관습에서도 자유롭다. 주로 오늘 내가 무엇을 어떻게 하면서 편하고 즐겁게 살 것인가에 관심이 많다.

초등학교를 자세히 들여다 보면, 만 7세 학생부터 만 62세 정년을 앞둔 선생님들까지 가르치고 배우는 일상을 공유한다. 1인당 국민소득 $100 시대에 태어난 선생님들과 $30,000 시대에 태어난 학생 세대가 같은

공간에서 생활하다 보면 상호 이해가 안 되는 것이 오히려 정상일 수 있다. 생각, 습관, 행동 모든 것에서 차이가 난다. 학부모의 생각과 행동에서도 윗세대 교사들과 차이가 있는 것도 마찬가지다.

2010년 이후 출생한 사람들을 알파 세대라고 부른다. 이들은 1980년 이후 출생자들인 MZ 세대들과 확연히 차이가 있다고 한다. 알파 세대들은 MZ 세대보다, 한 번에 여러 가지 일을 동시에 하는 멀티태스킹(Multi-tasking)에 더욱 능하고 자기중심적 행동이 강하다. 장점이면서 단점이 될 수 있다.

40대 이후 세대들은 증가하는 인구 속에서 경쟁하고, 참고 견디면 꿈이 이루어질 것이라 믿고 살아온 사람들이다. 교실마다 학생들이 꽉 찼고, 수업 시간에 졸거나 딴짓하지 않으려고 노력했다. 친구가 놀자고 꼬드겨도 선생님 눈치 보며, 부모님께 알릴까 봐 노심초사했다. 요즘 학생들은 눈치 보지 않고 하고 싶은 행동을 한다. 그래서 학교 교사들은 연금 받을 최소 기간만 되면 학교를 떠나고 싶어 한다.

이렇게 각기 다른 특성을 가진 여러 세대가 어우러져 생활하는 학교는 디지털 AI 전환기에 미래를 살아가는 소양과 필수적인 사고와 행동을 익히기 가장 좋은 장소이기도 하다. 우리나라는 교육이 전 국민의 관심사이고 공동의 문제해결인 곳이므로, 미래 경쟁력을 위한 올바른 시야를 확보하도록 초등학교부터 대학 교육까지 디지털 시대에 필요한 지식, 예절 등 필수 소양을 세대별로 체계적으로 교육하면 된다.

> **수업 시간에 자는 학생을 깨우자.**

최근에 EBS 방송에서 수업 시간에 자는 학생들을 깨워서 수업에 참여시키는 프로그램을 방영한 적이 있다. 결론은 수업 방법을 개선해서 학생들을 활동에 동참시켰더니 졸지 않고 적극적으로 수업에 참여했다. 자신에게 흥미가 있으면 집중하고 반대면 상황에 개의치 않고 외면하는 것인데, 이것이 디지털 세대의 특성이다. 다른 각도에서 보면 이것은 디지털 세대의 장점이면서 단점이 될 수 있다. 선택과 집중이 분명한 것이다.

디지털 세대의 장점이라면 한정된 자산인 시간을 본인의 용도에 맞게 활용한다고 볼 수 있다. 그 외의 것들은 대부분 단점이다. 졸다가 핵심을 놓치고, 충분한 수면이 되지도 않으면서 학습 동기와 사기가 저하되어 친구들에게도 게으른 사람으로 비칠 수 있다. 수업 시간에 자는 학생들의 습관은 쉽게 바뀌지 않을 것이다. 깨어 있으려는 의지가 없기 때문이다. 다른 말로, 공부해야 하는 목표가 불분명해 수업을 들으나 마나 본인에게 차이가 없다고 판단할 것이다.

대학 수업 시간도 예외는 아니다. 학생에게 밤에 무엇을 했기에 수업 시간에 그렇게 자는지 물어보면 새벽까지 게임을 했거나 친구와 술 먹고 놀았다고 솔직히 말한다. 코로나19 이후에는 수업 시간에 탭이나 노트북으로 아예 수업과 관계없는 다른 것에 집중하기도 한다. 그래서 교사나 수업 설계전문가들이 모이면 초등학교부터 대학까지 수업 방법을 어떻게 체험식으로 바꿀 것인지 토론을 많이 한다.

수업하는 교실은 공간의 한계로 인해 직접 경험보다 간접 경험을 활용하게 된다. 디지털이 제공하는 시청각적 정보와 구체적인 간접 경험은 개인의 학습 경험을 풍족하게 해준다. 다만 여기에 조건이 있다. 학생은 자기 주도적으로 적극적이고 목표 지향적인 학습자의 마음 자세가 되어 있어야 한다.

동영상 시청은 어느 정도 시간이 흐르면 집중도가 떨어지고 지루해지기 쉽다. 교육용은 더욱 그렇다. 예비 교사들을 지도할 때, 교실 수업의 집중을 유도하기 위해 동영상 활용은 5분 이내를 권장한다. 또 학생이 참여하는 활동을 짧고 다양하게 포함하라고 추천한다. 사범대 수업에서 예비 교사들은 알파 세대들의 특성을 잘 반영해서 수업을 재미있게 구성하려고 노력한다. 그들에게 창의 융합적 접근이 보여서 다행이다.

> **맞춤식 교육은 디지털 기술 활용이 필수다.**

유치원부터 시작해서 장기간 학교에서 교육하는 이유는 주어진 환경을 개척하면서 각자도생의 길을 가는 방법을 터득하라는 의미일 것이다. 같은 부모에게서 태어난 자녀도, 같은 교사 밑에서 공부하는 학생들도 꿈과 희망, 성취 정도가 각자 다르다. 교육이 추구하는 궁극적 목표는 '독립적으로 바람직하게 사회에 적응하는 사람'을 기르는 것이다.

학생들은 디지털 세계에서 더욱 각자도생의 길을 간다. 보고 듣는 정보가 많기 때문일 것이다. 이런 학생들에게는 자신의 미래 직업과 진로를 차근차근 개척하기에 학교에서 보내는 기간이 길다고 느낄 수 있다. 학교에서 중도 탈락하는 학교 밖 청소년 중에는 청소년 비리에 포함되는 학생들도 있지만, 사회 진출을 빨리하고 싶어 검정고시 같은 다른 길을 택하는 학생들도 있다.

학교는 표준화된 교육 내용을 중간 수준 학생들에게 맞추어 교육하는 곳이다. 학생들의 개인 성향, 배경지식, 환경의 차이를 고려해 맞춤식 교육을 제공하는 것이 바람직하지만, 교사 1명이 30명의 학생을 맞춤식으로 수업하는 것은 불가능하다. 주어진 수업 시간에 학생들의 성향과 특성을 살려줄 수 없다. 대학은 수업에 따라 학생 수가 10명 내외부터 100명 이상이 되기도 한다. 대형 강의는 학생이 알아서 듣거나 말거나 하는 상황일 수밖에 없다.

이 상황에서 가능한 해결책은 디지털 수업을 통해 학생들이 개인 수준과 성향에 맞게 수준을 조절하면서 공부하는 것이다. 사이버 수업, 이러닝, 인터넷 강의로 불리는 교과목들이 중고교와 대학에서 운영된다. 대학생들은 이런 수업 방법을 선호한다. 교실에 집합해 수업하는 것보다 시간과 비용 측면에서 효율성이 높다고 생각한다. 하지만 학교 환경은 아직 격변하는 미래를 반영한 디지털 교육환경이 충분히 준비되어 있지 못하다. 오래된 학교 건물 구조 변경부터 기계 설치와 가르치는 사람들 연수까지 모두 비용이다. 이 부분은 디지털 교육에 필수적인 선택이라 교육 정책의 묘미와 집중이 필요하다.

> PART 2 디지털 세대와 아날로그 세대가 모인 학교문화

02
MZ 세대와 알파 세대의 학습 동기

호기심은 학습 동기와 연결된다.

10대 학생들은 알파 세대라고 불린다. 그들은 세상에 대한 호기심이 많고 그 호기심을 쉽게 해결할 수도 있다. 궁금한 것을 스마트폰에서 즉시 확인하면 된다. 구글이나 네이버 같은 플랫폼이나 유튜브에 물어보면 정보를 알려 준다. AI GPT(Generative Pre-trained Transformer)를 사용하면 일목요연하게 정리도 해준다. 따라서 사람보다 기계와 더 친밀하다.

교실에서 조용한 학생도 사이버상에서는 적극적인 소통을 할 수 있다. 조용한 학생이 뭔가 정서적 혹은 소통에 문제가 있다고 미리 판단하면 안 된다. 대학 수업에서 사회성에 문제가 있어 외톨이 기질이 있다고 보이는 학생이 의외로 온라인 비즈니스로 많은 수입을 올리고 있다는 사실에 놀란 경험이 있다.

학습에 동기화가 잘 되는 학생들은 대체로 호기심이 많다. 드물긴 하지만 수업 시간에 엉뚱한 질문을 해서 진도가 뒤로 밀릴 때도 있다. 우스갯소리로 5살 어린아이는 하루에 50개의 질문을 하는데, 50살 어른은

하루에 5개 질문도 안 한다고 한다. 수업 시간에 질문을 막아버리면 다음부터 절대 질문하지 않는다. 질문이 막히면 호기심도 막히고 학습 동기도 끊어질 수 있다. 최근에는 스마트폰이 이 부분을 많이 해결해 준다. 그래서 알파 세대 들은 거침이 없다.

학습 동기는 내적 동기와 외적 동기로 나누어진다. 스스로 알고 싶은 의욕과 열정이 생기는 것이 내적 동기고, 외부에서 상을 주거나 칭찬을 통해 부추기는 것이 외적 동기다. 지속성은 내적 동기가 오래 지속되며, 작은 호기심이 해결되면 더 큰 호기심으로 확장된다. 이것이 장래 희망이나 진로와 연결되면 폭발적인 성장을 하는 원동력이 된다. 작은 질문에서 호기심과 학습 동기가 연결되므로 절대 무시하면 안 된다.

> **만족감보다 자신감이 더 중요하다.**

뭔가 궁금해서 찾아보고 공부하면 똑똑해진다. 이것은 진리다. 그런데 계속 똑똑해지려면 자신감이 지속되어야 한다. 자신감은 혼자보다 누군가 경쟁할 만한 상대가 곁에 있을 때 더 효과적이다. 작은 성공의 결과는 자신감의 축대를 높이 쌓을 수 있고, 배우는 과정에서 만족감을 높인다.

유치원을 졸업하고 초등학교에 입학해서 1, 2학년을 지내다 보면 학생들이 공부를 싫어하게 된다. 한꺼번에 많은 양을 공부하려니 지루하고 힘들고 정답을 찾기 어려운 문제를 풀다가 점점 자신감을 잃어 간다. 특히 수학 과목이 그렇다. 수학을 포기하는 아이들이라 부르는 수포아가 생기는 이유는 이렇게 어려운 학습 구간을 통과하지 못하고 포기했던 기억에서 비롯된다. 극복하지 못하고 이어지면 그 과목은 아예 손대기 싫은 포기 과목이 된다. 그리고 오랫동안 포기한다.

조부모가 보육을 담당해 초등 저학년 손주를 돌보는 경우 학생들이 결과와 관계없이 자신감이 넘친다. 작은 성공에 아낌없이 칭찬해주는 조부모들에 의해 어린 학생들이 도전을 즐기도록 기회를 준 것이다. 젊은 부모들은 마음이 조급하고 시간에 쫓기다 보니 이렇게 중요한 핵심을 놓치게 된다. 특히 첫째 아이는 공부에 대한 부모의 샌드백이 되기 쉽다.

자신감이 어느 정도 쌓이면 만족감은 자동으로 생성된다. 학생 본인이 어떻게 하면 스스로 만족할 수 있는지 알게 되어 자신만만하게 공부에 임하고 결과도 만족스럽게 만들 수 있다. 그런데, 여러 명이 누가 누가 잘하는지 줄 세우는 능력 참조 평가(*상대평가*)를 하는 학교 교실에서는 부작용의 문제가 발생할 수 있다.

학령기 학생들의 결과물에 서열을 정하고 그 결과가 공개되면 소수의 자신감 넘치는 학생과 다수의 포기하고 좌절하는 학생들로 나뉜다. 학부모들이 자녀를 사교육으로 유도하는 이유이기도 하다. 해결 방안은 패자 부활전을 상시 펼쳐서 서열의 의미를 희석하는 것이다. 아니면 아예 서열을 없애거나 사교육의 대안을 공교육 안으로 도입해서 보충학습의 기회를 획기적으로 확대하는 것이다. 디지털에서 튜터 도움과 함께 보충 학습 기회를 제공하는데, 튜터는 예비 교사들, 일반 대학생, 퇴직 교사,

자원봉사자 모두 가능할 것이다.

> **디지털 세대에게 어휘력은 자신감의 바탕이 된다.**

인공지능 Chat GPT에 궁금한 것을 물어보면 최선을 다해 답을 제공한다. 그런데 애매모호하게 단어 몇 개만 입력하면 AI가 장황한 설명을 한다. 딱 떨어지는 질문을 하기 위해서는 정확히 내가 무엇을 알고 싶은지 생각한 다음 적절한 어휘로 논리적인 질문을 해야 한다. 질문할 때 분석적이고 논리적인 사고력이 핵심이다.

디지털로 학습하는데 근본이 되는 능력은 언어 문해력이다. 인터넷 바다에 내가 알고 싶은 정보를 제대로 찾아내기 위해서는, 디지털이 정보를 수집하고 분류하는데 기초가 되는 단어에 대한 정확한 파악이 필요하다. 따라서 동영상이나 이미지로 새로운 지식을 습득할 때 인쇄 형태의 활자가 기본이 된다는 사실을 반드시 기억해야 한다.

현재 교육 시스템에 근본적인 질문을 하나 던져보자. 지금은 학교에서 정해진 교육과정에 따라 교사가 주어진 시간에 맞추어 계획된 수업 내용을 전달하고, 학생은 미리 설계된 학습 활동을 수행하고 목표로 설정된 성취도에 도달해야만 한다. 그런데 이런 교육 시스템은 언제까지 유효할까. 공급자 위주 시스템을 수요자 중심으로 바꾸려면 수요자가 누구인지 정확한 분석이 필요하다. 학교의 교육과정은 학생인 수요자의 다양한 요구사항을 파악하고 있을까. 아니면 세팅된 교육과정에 수요자의 요구를 주입하는 것일까.

앞으로 MZ 세대와 알파 세대는 자신들의 요구를 기성세대에게 정확한 어휘로 명확하게 설명할 수 있어야 한다. 아니면 기성세대가 세팅한 시스템에 순응해야 한다. 또한 기성세대는 그들에게 적재적소에 필요한 문해력을 가르치고 훈련하도록 지도해야 한다. 서로가 빈틈을 가지는 순간이 길어지면 세대 간의 갈등과 교육 선진화는 멀어질 수 있다.

고대 그리스에는 아고라 광장이 있었다. 사람들이 모여서 물건도 사고팔고, 의견도 나누고 토론도 했던 장소라고 한다. 상상해 보면 상당히 역동적이고, 서로 질문하고 답하는 소통의 경험이 많았으리라 생각된다. 지금도 수업에서 활용하는 소크라테스식 수업 방법도 여기서 유래했을 것이다. 학생이 질문하면 선생님은 답을 하고, 다시 학생이 다음 질문을 이어간다. 선생님이 핵심이 아니라 학생이 주인공이다. 학생은 다음 질문의 꼬리를 물어 또 다른 질문을 생각하게 된다. 교육학의 구성주의적 수업 방식은 소크라테스식 토론에서 유래되었을 것이다. 그리고 지금 다시 활용할 가치가 높아졌다. 디지털 세계에서 더욱 그렇다.

PART 2 디지털 세대와 아날로그 세대가 모인 학교문화

03
디지털 시대에 필요한 소통의 기본 원리

**소통 능력은
국어 실력에서
나온다.**

카톡이나 텔레그램, 기타 메신저에서 완전한 문어체를 쓰는 사람은 드물다. 문법에 개의치 않고 은어나 줄임말로 질문과 대답을 이어간다. 바쁘다는 핑계로 초성만 쓰던지 동사 없이 명사만 나열하기도 한다. Chat GPT에 질문하면 완전한 문장으로 답을 준다. 앞으로 사람들의 언어구사력이 기계에 밀릴지 모른다.

학교에서 국어를 배우는 이유는 일상에서 읽고 말하고 쓰기를 올바르게 사용하라는 의미일 것이다. 자신의 의견을 잘 표현하고 상대의 표현을 잘 이해하는 것이 소통의 핵심이다. 사회가 디지털화되면서 언어보다 그림이나 사진과 같은 이미지가 중요해 보이지만, 실제로는 말과 글이 핵심이다. 인터넷 속 정보의 제목도 단어로 레이블링(Labeling) 되어있기 때문이다.

대학생들을 가르쳐보면 국어의 문해력과 문장력이 상당히 낮아 깜짝 놀랄 때가 있다. 고등학교를 졸업하기까지 국어 수업에 무엇을 했는지 궁금함에도, 어쩔 수 없이 수업의 많은 시간을 단어 설명에 할애하기도

한다. 국어의 어휘력이 학생들에게는 진로 개척과 취업에 최고의 무기가 될 수 있다. 직장에서는 핵심 키워드만 잘 뽑아도 실력자가 된다.

대학생들이 온라인에서 자기 주도 학습을 할 때, 같은 내용이라도 교실 수업보다 이해력이 떨어질 때가 있다. 특히 복잡한 개념을 전달할 때 더욱 그렇다. 이유를 분석해 보면 어려운 단어나 어휘가 나올 때 깊이 생각하거나 개념을 찾아서 이해하지 않고, 자신이 아는 범위 내에서 해석하고 넘어가기 때문이다. 교실에서는 담당 교수가 이해했는지 질문하고 어려워하면 다른 단어로 반복 설명이 가능하지만, 온라인에서는 스스로 노력하지 않으면 중요한 개념이 그냥 흘러가 버린다.

앞으로는 혼자 디지털 비대면으로 학습할 기회가 점차 많아진다. 내가 모르는 내용도 혼자 파고들어 깊이 있게 공부해야 한다. 스마트폰의 사전 기능과 Chat GPT의 활용이 절대적이다. 어린 학령기 학생들이 디지털 학습 시 주변 어른들이 긍정적으로 칭찬하고 스스로 학습 성과를 낼 수 있도록 격려해 주고 도와줘야 한다. 어렵고 복잡한 개념이라고 피상적으로 이해하고 넘어가는 것이 습관화되면 분석적 사고와 종합 판단력이 약해진다. 이것이 반복되면 고차원적 창의력은 나오기 어려워진다.

❝
소통은
상호작용이
필수다.

우리가 익히 아는 교실 분위기는 주로 교사가 설명하고, 학생은 조용히 앉아서 듣고 있는 환경이다. 그런데 바람직한 교실은 가르치는 교사와 배우는 학생 사이에 주거니 받거니 대화가 진행되고, 여러 활동으로 이어지는 상호작용이 왕성한 수업이다. 가르치는 교사가 강의를 전달한다는 개념은 이제 과거의 것이다. 다른 각도에서 학생들이 주로 말하고 교사는 듣기만 하다가 가끔 답을 해도 수업은 진행된다. 오히려 권장할 만한 효과 좋은 수업 방법이다. 위에서 언급한 소크라테스식 수업이다.

학생들이 갈고 닦아야 할 6대 미래 학생 역량 중에 의사소통 역량이 있다. 이것은 초등학생부터 대학생까지 모두에게 필요한 필수 역량이다. 직장에서도 매우 중요한 역량이다. 소통을 잘하는 사람은 어디서나 환영 받는다. 이유는 간단한데, 말이 통하기 때문이다. 말이 통하려면 상대의 의견이 무엇인지 충분히 이해하고, 상대의 처한 상황까지 파악하면서 대화하면 만점이다. 소통이 잘되면 상대를 설득하거나 상대와 협상하기가 아주 쉬워진다.

학생들은 자신이 창피할지 모르거나 불이익이 예상되면 수업 시간에 입을 닫는다. 선생님이 혼자서만 수업을 진행하면 교실에 있는 학생들은 졸거나 다른 생각에 빠진다. 만약 같은 장면을 디지털 학습 환경으로 옮겨 놓으면 어떤 모습이 될까. 학생들에게 할 일을 주지 않는 한 같은 현상이 나타날 것이다. 교사와 학생들과의 상호 작용적인 수업 활동은 소통 역량 향상의 기본이 된다. 교사가 호응해 주고 격려와 칭찬을 붙여주면 소통 능력은 늘어난다.

디지털 세대의 무반응에 적극적으로 반응한다.

무반응이 요즘 MZ, 알파 세대들의 특성이다. 대학생들의 소통 방법을 연구한 최근 논문에 따르면 학생들은 상대가 나와 다르고, 대화에서 시간이나 에너지가 낭비되면 그냥 입 다물고 모르는 척이 최선이라 생각한다고 설명한다. 어떻게든 소통해 보려는 최소의 노력도 안 한다는 말이다. 상대가 가족이어도 마찬가지라는 결과가 놀라울 뿐이다.

그럼 이들은 언제 적극적으로 대화에 나설까. 대화를 통해서 자신이 손해 볼 것 없고, 어딘가 마음이 통하거나, 무엇인가 도움을 받을 것이 있으면 대화를 시작한다고 한다. 조건이 까다롭다. 젊은 세대와 대화하려면 무엇인가 줄 것이 있어야 한다. 예전처럼 어른이면 당연히 모르는 청년이라도 제대로 가르쳐야 한다고 판단했다가는 큰 낭패를 볼 수 있다. 학교 교실에서 학생의 잘못을 지적했다는 이유로 교사에게 무례하게 덤비거나 폭행하는 학생들 사건이 이런 현상이다. 초등 교사들이 고학년 학생들의 태도나 행동 교정이 힘들다고 하는 이유이기도 하다.

이들과 소통하는 좋은 전략은 무엇일까. 교사라면 학생들이 무엇을 좋아하고 무엇에 관심이 있는지 분석하고 이해해야 한다. 학생들이 교사를 꼰대라고 하는 것은 계속해서 반복되는 잔소리, 대화가 안 통하는 답답한 모습에 뭐라 대꾸할 수 없어서 그렇게 부르는 것일 테다. 그런데 지방 소도시의 학교에 가면 학생들이 교장, 교감 선생님과도 친하게 잘 지내는 것을 목격한다. 인구축소 시대에 귀한 아이들이라 선생님들이 먼저 마음을 열고 다가갔기 때문이다.

수업에서 학생들이 적극적으로 반응하게 하려면, 학생들이 관심을 가지는 주제를 선택해서 흥미와 재미있는 학습 활동을 하고 서로의 경험을 나누도록 유도하면 가능할 것이다. 학생들의 관심과 동기를 유발할 수 있는 디지털 학습자료를 선택하면 좋다. 자료 선택에 앞서 교사들이 먼저 학생들과 대화를 많이 해서 뭘 좋아하고 뭘 싫어하는지 파악하면 더욱 훌륭하다. 학생들도 자신과 대화가 된다는 것을 아는 순간 적극적인 반응을 보여준다.

PART 2 디지털 세대와 아날로그 세대가 모인 학교문화

04
학교조직에서 아날로그 세대의 특징

아날로그 세대는 한 우물을 파는데 유능하다.

미국의 교육철학자 존 듀이(*John Dewey, 1859~1952*)가 말하기를 학생들은 무엇인가 직접 해 보고 경험을 설명할 수 있을 때 더 잘 배운다고 했다. 시간이 흘렀지만 지금도 주제별로 체험, 경험 중심 교육, 생활 중심 교육에 듀이의 이론이 활용된다. 이렇게 한 개의 주제를 깊이 있게 배우려면 어느 정도의 시간과 에너지를 투자해야 한다.

아날로그 세대에 속하는 교육 기관의 교수자들은 이전에 한 개의 우물을 깊이 파라고 배웠다. 열 개 우물을 동시에 파다가 한 개도 물이 안 나온다고 배웠다. 그런데 디지털 세대는 다르다. 여러 가지를 동시에 하는 멀티태스킹에 익숙하게 자랐다. 동화책도 이야기에 맞추어 주인공들이 움직이고 노래하며 춤까지 추는 동영상을 보고 따라 하면서 성장했다. 그러나 학교에서는 대부분 수업에서 정적인 자세로 있으려니 적응이 어려울 것이다.

긍정적인 시각에서 아날로그와 디지털 세대는 상호 보완적인 관계를

유지할 수도 있다. 조건이 있는데, 서로 소통이 잘되고 상대의 장점을 제대로 이해할 때 가능하다. 디지털 세대는 한가지 행동이나 생각을 1시간 이상 지속하라고 하면 곤혹스러울 것이다. 동시다발로 여러 가지 활동을 할 수는 있지만 한 가지를 깊이 있게 분석하고 논리를 세우는 사고력에 도달하기에는 한계가 있다.

아날로그 세대는 한 가지를 깊이 있게 파고드는 것을 잘할 수 있다. 간혹 디지털 세대 중에 분석적 사고력과 창의력이 남다른 학생들을 발견하는데, 이들은 아날로그와 디지털 세대의 장점을 모두 장착하고 있어 놀랄 때가 있다. 누군가의 지도와 반복 연습으로 가능했을 것이다. 좋은 성적으로 대학에 입학해서 취업을 준비하고, 취업해서 성공하는 직장생활을 한다는 것은 깊이 있게 공부하고 업무에 임했다는 증거이다. 결국 사회에서 인정받는 인재는 아날로그 세대와 디지털 세대의 장점을 모두 갖춘 인재라고 할 수 있다.

"
사회성이 좋은 사람은 눈치가 빠르다.

눈치가 빠르다는 것은 곁에 있는 사람들의 동정을 잘 살필 수 있다는 말이다. 다른 표현으로 배려, 양보, 호응, 반응, 격려, 위로 같은 단어와 함께 쓰이기도 한다. 모두 감성적인 표현이다. 공동체 생활이 기본인 학교에서 구성원들 간에 서로의 눈치를 잘 보면서 지내는 것은 평화를 위해 매우 중요하다. 다만 힘이나 지위로 억지 눈치를 주면 안 되는 것이다.

코로나19를 통과하면서 원격수업, 재택근무를 몇 년 경험하고 나니 학교에서는 집합해서 활동할 때 상대의 눈치 보기가 서로 어색해졌다. 학생들은 눈치라는 단어 자체가 익숙하지 않고 눈치를 본다 해도 무엇을 어떻게 해야 하는지 잘 모른다. 예를 들어 대학교에서 교수가 교실 뒷문으로 수업에 들어가면 대학생들임에도 교수를 힐끔 보고 딴짓을 하거나 발을 뻗은 채로 비켜주지 않을 때도 있다. 그들에게는 자연스러운 행동이지만 기성세대는 걱정이 앞선다.

교육학에서 사회성을 의미하는 정의적 영역의 훈련은 오랜 시간이 걸린다. 중요성을 파악하고 그것을 행동으로 보여주기까지 상당 기간 반복 연습이 필요하기 때문이다. 아날로그 세대들은 가정에서 여러 명의 형제와 조부모를 비롯한 대가족의 나이별 위계 속에서 성장했기 때문에 자연스레 위아래 사람의 눈치 보기를 배웠다.

사회성의 결여는 학교 안에서 여러 가지 형태의 폭력으로 이어질 수 있다. 교사와 학생 사이의 위계를 흔드는 사건, 구성원 간에 무질서와 비도덕적인 여러 문제를 파생시킬 수 있다. 원격수업 몇 년의 경험이 사람들과 대면했을 때 지켜야 할 기본적인 예절과 사회성을 무너지게 했을 것이다.

앞으로 디지털, AI 활용 교육은 점차 확대될 것인데, 지식과 스킬 위주의 인지적 영역과 더불어 인성 및 사회성이 배경이 되는 정의적 영역의 교육 내용이 반드시 포함되어야 한다. 청소년들이 많이 접하는 디지털 매체에서 학생 스스로 판단할 수 있는 디지털 예절과 질서를 통해 주변 인들과 잘 지내는 방법을 가르쳐야 한다. MZ 세대는 이미 사회생활을 시작했고, 이어서 사회에 등장할 알파 세대들에게 적절하게 주변의 눈치를 봐야 하는 사회성 교육과 실천이 꼭 필요하다.

> **디지털 세대는 수직적 조직 문화를 외면한다.**

학교는 수평적 조직 같은데 실제는 수직적 조직이다. 일반적으로 대학을 포함해 모든 학교의 선생님들은 독립적으로 학생 지도업무만 하면 되는 편한 직업으로 생각한다. 기관마다 상대적이겠지만 학교조직은 매우 보수적이다. 교육공무원의 특성상 상명하복이 요구될 경우가 많다.

반면 디지털의 문화는 수평적이다. 인터넷에서는 나의 대화 상대가 똑똑한 원숭이일 수 있다는 만화 컷이 유행한 적도 있었다. 보지 않고 대화가 가능한 곳이 인터넷이다. 태어나서부터 디지털 세상에 살아온 청소년들에게 학교문화는 구경만 해도 갑갑할 수 있다.

학교조직은 공문 처리에도 결재선을 모두 따라가느라 시간이 소요된다. 가끔은 결재자를 직접 찾아가서 자세히 설명하고 결재받아야 한다. 조직에 피해가 될 단어가 있으면 걸러내야 하고 내용상 문제가 될만한 소지가 있으면 되도록 삭제한다. 현재까지 조직에서는 당연한 일이다. 하지만 앞으로 디지털 세대들은 이렇게 일할 것 같지 않다. 불합리한 일은 지적하고 고치거나 안되면 조직을 떠날지 모른다.

학교는 간혹 연공서열, 장유유서의 문화가 아직 남아 있다. 예를 들어 보자. 초등학교의 경우 20대 초임 교사와 60대 정년이 가까운 교사가 함께 근무한다. 50대 이상의 교사들이 초임 교사들의 이기주의적인 업무 태도를 하소연할 때가 종종 있다. 혹시 직장 갑질이 될까 해서 말을 아낀다. 20대 초등 교사는 초등학생들의 안하무인 수업 태도를 어찌 관리할지 토로한다. 알파 세대들은 경험 부족으로 장유유서의 문화가 무엇인지 이해하지 못할 수 있다. 인구도 축소되는 환경에 알파세대, 그들은 생각보다 사회에서 서열이 높은 편이다.

MZ 세대는 이미 사회에서 직장을 다니고 있다. 신임 직원에게 아날로그식 OJT(On The Job) 현장 업무 연수는 이해하기 어려운 과정일 수 있다. 시키는 데로, 하던 데로, 군말 없이 주어진 업무를 완수하라는 조직의 문화는 디지털 세대에게 불합리하게 생각된다. 할 말은 해야 하고 반대 의견도 개진해야 하고 잘못된 관행은 고치는 게 합리적이라 생각할 것이다. 그들은 이제 기성세대의 초입에 들어섰다. 미래 교육 흐름과 내용은 이 방향이 맞을 것이다.

앞으로 세대 간의 정서적 격차, 문화적 격차, 인식의 격차는 생각보다 커서 심각한 사회경제적인 문제로 확대될 수 있다고 본다. 살아있는 인구의 2/3가 디지털로 학습하고 디지털로 풍부한 업무 경험이 축적되어, 디지털 문화와 인식이 보편적인 상식이 될 때까지 소양 교육과 계몽은 계속 필요할 것이다.

PART 2 디지털 세대와 아날로그 세대가 모인 학교문화

05
수업 방법의 디지털화

> **학생들은 활동 중심 수업에서 성취도가 높아진다.**

유치원 교육은 활동 중심, 놀이 중심이라 재미있다. 유아들은 유치원에 매일 등교하는 것이 좋다고 한다. 초등학생이 되면 그 반대다. 교실에서 앉아있는 시간이 길다 보니 지루해진다. 초등학교 저학년 시기에 수업 시간을 잘 버티고 참는 습관을 들이지 못하면, 이후 수업 시간에 자주 졸거나 주의가 산만해질 수 있다. 이런 성향이 잘못되면 중고교로 진학해서 자신의 지루함을 남을 괴롭히는 학교 폭력, 왕따, 청소년 범죄로 연결하는 잠재 가능성이 될 수 있다. 수업 시간에 학생들에게 할 일을 주어 열심히 활동하게 해야 한다.

일부 교사들은 학생들이 부산하게 움직이고 시끌벅적한 수업 활동에는 소극적이다. 학생들의 안전이나 자잘한 교실 사고 등 예상되는 문제를 미리 방지하고 싶어서이다. 우리 속담에 구더기 무서워서 장 못 담근다는 말이 여기에 적용된다. 학생들은 움직이면서 이것저것 체험하는 수업을 해야 한다. 그래야 나중에 유익한 경험으로 머릿속에 오래 남는다.

교육비가 매우 비싼 사립학교에서 교사 1인당 학생 수를 소수로 유지하는 것은, 학생들의 넓은 활동 범위에 교사가 일일이 관여하기 때문이다.

경험 중심 교육은 이미 오래전에 미국의 교육철학자인 듀이에 의해 중요성이 강조되었다. 학생들은 실제로 경험한 것을 오랫동안 기억하는데, 경험 중에도 집중하고 에너지를 많이 쓰면서 활동한 내용이 유익하다는 것이다. 질적으로 우수한 교육과정의 사례를 살펴보면 교사와 학생들이 함께 부대끼면서 목표 달성을 위해 최선을 다하는 활동에서 비롯된다. 이것은 초등학교나 대학교 등 모든 교육 기관에서 통하는 방법이다.

그동안 우리나라 교육과정은 오랜 기간 교실마다 빼곡한 학생들을 가르치기 위해 주입식, 강의전달식 수업을 운영했다. 일제강점기 수업 방법을 오랫동안 고수하기도 했었다. 학생 활동 중심 수업 방법으로 전환된 것은 그다지 오래되지 않았다. 알면서 못 한 것도 있었다. 교육과정과 학교 환경을 개선하는데 예산이 들어가고 교사 양성과 연수도 많이 필요했기 때문이다.

디지털 기술은 교실에서 조용히 앉아있는 학생들에게 분명히 새로운 경험을 줄 수 있다. 교실에서 경험하기 어려운 내용을 동영상으로 볼 수 있고, 간단한 기기를 쓰고 실제 간접 경험도 가능하다. 현재는 비용이 가장 큰 문제이지만 향후 기술이 개발되면 보급이 훨씬 쉬워질 것이다. 재미와 흥미가 더해지면 학생들이 교실 의자에서 일어나서 스스로 배우려고 자연스레 돌아다닌다.

> **오감 활용 수업 방법이 가장 효과적이다.**

새로운 것을 학습할 때 사용하는 감각기관은 시각, 청각, 후각, 미각, 촉각의 순이다. 가장 많이 사용하는 감각은 시각이다. 수업에서 활용하는 대부분이 시각 자료이다. 시각에 청각을 첨가하면 집중에 효과적인데, 시청각이 혼합된 TV나 영화에 사람들이 몰입하는 이유다.

학교 수업 중에 여러 감각 기관을 동시에 사용하는 교과목들은 음악, 미술, 체육, 그리고 기술/가정이 있다. 가정 시간에 종종 실시하는 요리 실습은 오감 전체를 사용하는 수업이다. 다른 과목 수업 시간은 기억에 없어도 요리 수업 시간이 기억에 오래 남는 이유가 오감을 사용했기 때문이다. 다른 예로 먹는 방송을 시청하다가 먹고 싶어져서 배달을 주문하거나 직접 만들어 먹는 경우가 바로 강한 자극에 대한 즉각적인 반응이다. 학교에서도 체험학습을 강조하는 이유가 이런 효과를 기대하는 것이다.

디지털 기술이 수업 시간에 활용되는 이유 중의 하나가 여러 감각기관을 활용해 새로 배운 정보를 오랫동안 장기기억 창고에 보관하려는 것이다. 수업 시간에 학생들은 먼저 집중하고 배우는 정보와 지식을 이해하려고 몰입해야 한다. 이때 머릿속의 인지 구조를 멀티 감각의 잔상으로 자극하면 머릿속에 오래 남을 수 있다. 그리고 눈으로 슬쩍 보거나 귀로 얼핏 들어서 지나친 것보다, 시청각적인 자극에 노출된 내용과 활동이 기억에 오래 남는다. 이렇게 디지털의 힘을 빌리는 수업 방법은 효과적이라 예비 교사 훈련 과정에 많이 추천된다.

> **디지털 기술은 교사의 한계점을 도와준다.**

교사가 평소에 접근하기 어려운 장소이동이나 실험 같은 수업 내용을 게임이나 가상현실, 증강현실, 시뮬레이션을 활용하면 학생들에게 내용 전달이 쉬워진다. 백문이 불여일견이라는 의미다. 교사가 말로 구구절절 설명하는 것보다, 학생이 직접 보고 시청각적으로 간접 경험을 하면 이해가 빠르다.

교사가 교실에서 강의식으로 전달하는 수업 내용은 학생들의 상상력을 동원할 수 있지만, 구체성은 모자란다. 물론 교사가 기막히게 잘 설명하면 큰 문제가 없을 것이다. 하지만 일반적으로 교사들은 주어진 수업 시간 안에 다수의 학생을 대상으로 뛰어난 찰떡 강의 전달이 쉽지 않다.

디지털 학습의 장점 중 하나는 교사의 수업 운영을 쉽게 도와주고, 학생들에게 표준화된 자율적 학습 활동을 제공할 수 있다는 것이다. 다시 설명하면 교사는 디지털 기술로 수업 전달 방법에 도움을 받고, 학생들은 수업 내용을 몇 번이고 반복하면서 이해도를 높일 수 있다. 개인으로 지도받는 사교육비에 비해서 다수의 학생에게 학습을 지원하는 좋은 도구가 될 수 있다.

MZ 세대 교사들은 디지털 기술을 활용하는 데 더 적극적이다. 디지털 세상에 살아온 경력이 많기도 하지만, 학생들에게 수업 목표 달성에 효과적인 방법을 선택하는 것에 매우 적극적이다. 디지털 기술의 변화에 대한 수용력이 높은 것이다. 교사가 자신의 한계점을 인정하고 보완하는 방법을 알고 있다는 것은 좋은 현상이다. 다만 기술이 적절히 뒷받침

되어야 효과는 더욱 상승할 수 있다.

현재 전국에서 이를 위한 에듀테크 소프트랩을 통해 디지털 기술을 실증하고 있는 사업이 있다. 좋은 결과가 기대된다. 관련 기업들도 수업 현장과 연결해 품질이 우수한 제품을 개발하고, 산업 인력 양성에도 좋은 결과물을 기대할 수 있을 것이다. 향후 에듀테크 기술 발전이 국가 인재 양성에 일조하기를 바란다.

3장

인구축소 시대 맞춤형 디지털 학습

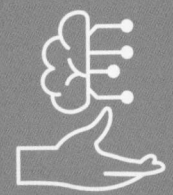

01. 공교육의 존재 이유
02. 미래 인재 양성의 방향
03. 인구축소 시대에 일당백을 하는 인재
04. 지피지기 백전불태(知彼知己 百戰不殆):
    자신을 알면 위태롭지 않다
05. 평생 활용하는 똑똑한 디지털 학습 방법

PART 3 인구축소 시대 맞춤형 디지털 학습

01
공교육의 존재 이유

> **의무교육 9년 동안 사회인의 기초가 형성된다.**

우리나라는 법적으로 만 6세가 되면 초등학교에 가야 한다. 부모는 의무교육 기간에 자녀를 학교에 보내야 한다. 이것을 어기면 처벌 대상이다. 의무교육은 국가에서 무료로 제공하는 학교 교육을 의미한다. 우리나라는 교육기본법 제8조 의무교육에서 초등학교 6학년과 중학교 3학년을 합친 9년을 의무교육 기간으로 설정하고 있다. 고등학교는 의무교육이 아니고, 17개 지자체별로 수업료, 교과서비용 등 시도가 상황에 따라 차등 지원하는 무상교육을 도입하고 있다.

대중을 가르치는 학교의 개념은 기원전 수천 년 전부터 있었다고 하며, 지금 같은 모습의 학교는 18세기부터 유럽을 중심으로 확산이 되었다고 한다. 우리나라도 고구려 때부터 학교의 개념이 있었다고 하지만, 일반 서민까지 보편화된 학교의 개념은 조선 시대 향교에서 찾는다. 지금도 지방 곳곳에 옛 향교의 자리가 남아 있다. 알고 보면 모두가 학교에 가는 대중 교육의 역사는 실상 그다지 오래되지 않았다.

초등학교 입학은 국가별로 차이가 있지만 5세에서 8세 사이다. 초등학교는 사회에서 필요한 기초 소양과 지식을 가르치는 곳이다. 학교 교육과정의 핵심은 예전부터 3R(Reading-읽기, wRiting-쓰기, aRithmatic-셈하기)이라고 해서 사람들의 공동체 생활에 필요한 최소한의 지식을 포함한다. 그러나 사회가 점차 분화되고 발전하면서 학교의 교육은 현재처럼 수많은 교과목을 가르치게 되었다. 최근에는 디지털 기본 소양처럼 시대 변화의 흐름을 반영해 교육 내용을 개편하고 있다.

의무교육인 공교육의 목표는 학교급(유치원, 초등학교, 중·고등학교)별로 설정한 교육목표를 달성하는 것이다. 예를 들어, 중학교의 교육목표는 크게 네 가지가 있다. 첫째, 심신의 조화로운 발달과 자아존중감 향상, 둘째, 문제 해결력을 바탕으로 도전정신과 창의적 사고력 향상, 셋째, 우리나라와 세계의 다양한 문화를 이해하고 공감하는 태도, 넷째, 공동체 의식을 바탕으로 민주시민 정신을 함양하는 것이다. 초등학교와 고등학교는 중학교와 비슷한 내용이지만 각각 가르치고 배우는 내용에서 수준이 조금 낮거나 높은 차이가 있다.

학교 교육은 어디까지나 대중을 위한 교육이고 사회에서 통용되는 기본 지식과 문화, 그리고 역사와 전통을 가르치는 곳이다. 학교는 또한 부모들이 직장에서 경제생활을 하는 동안 학생들을 맡아서 안전한 생활지도를 하는 곳이기도 하다. 따라서 학교는 사회에서 필요하고 중요한 공공재에 속한다.

> **공교육 교육과정은 사교육보다 체계적이고 구조적이다.**

사교육은 공교육 기관인 학교에서 미처 제공하지 못하는 개별 맞춤식 교육 서비스를 제공하는 사설 훈련 기관이다. 학부모들은 원하는 교육 서비스의 종류에 따라 별도 비용을 지불하고 자녀를 사교육 기관에 보낸다. 현재 우리나라는 공교육과 사교육이 씨실 날실처럼 묘하게 꼬여 있는 상황이다. 학원가가 잘 형성된 곳의 부동산 가격이 높은 현실이 이를 설명한다.

오랫동안 사교육을 최소화하기 위해 '공교육의 정상화'라는 단어로 학교 교육 발전 정책을 실천해 왔다. 그런데 사교육 시장은 점차 확대되어, 이제는 공교육과 사교육의 협력체계를 강조하는 전문가들도 있다. 어쨌든 공교육은 국민의 세금으로 운영되는 공적 영역이고, 사교육은 국민의 자유의사로 운영되는 사적 영역이라 통합이나 융합은 어려울 것으로 보인다.

공교육 기관의 교사들은 교육대학이나 사범대학에서 4년, 또는 일반 교직과정, 교육대학원에서 집중 교육을 받은 후, '교생'으로 알려진 4주간의 학교 현장 실습을 마쳐야 2급 정교사 자격증을 받는다. 2급 자격증만 받았다고 바로 학교 교단에 설 수 없고, 국가에서 실시하는 임용고사 시험을 통과하여 1급 정교사 자격을 받아야만 정식으로 교단에 설 수 있다. 사립학교 교원은 임용시험이 의무는 아니지만 유사한 선발 과정을 거쳐 충분조건을 검증받은 후에 교사가 될 수 있다. 교사가 되는 길이 어려우므로, 임용 고사라 부르지 않고 '임용 고시'라고 부른다.

예비 교사의 교육과정은 전문교과와 교직과정으로 나누어 졸업까지 정해진 학점을 이수해야 한다. 전공 교과(예를 들어 국어, 영어, 수학 등 교과목)의 내용을 완전하게 습득해야 하고, 미성년인 학생들을 어떻게 다루고 지도해야 하는지 교육학 전반에 대해 깊숙하게 배워야 한다. 예비 교사의 교육과정은 국가에서 자격증 과정을 관리하기 때문에, 학점 중 대다수 교과목에서 배우는 내용이 표준화되어 있다.

반면 사교육은 학생 개인의 수준에 맞는 개별 맞춤 교육 서비스가 목적이라 가르치는 강사의 수준과 자격을 국·공립·사립 교원처럼 법으로 관리하지 못한다. 물론 학원 강사가 되기 위한 학력이나 부문별 자격증 소지, 성범죄 경력 조회 등 기본 자격조건은 갖춰야 한다. 하지만 학교의 교사가 되는 길보다는 수월한 편이다. 물론 최상급에 속하는 일부 사교육 강사가 되는 길은 일반 학교의 평범한 교사와는 큰 차이가 있을 것이다.

학부모 중에는 사교육 의존형으로 학교의 공교육은 무조건 반신반의하기도 한다. 그런데 전문가들의 의견을 모아보면 사교육은 투자하는 비용과 시간에 비례해 효과가 큰 학생보다 효과가 없는 학생들의 비율이 훨씬 높은 편이다. 그 이유는 학생의 준비가 없는 상태에서 부모의 강요에 의한 사교육 효과는 짧거나, 중장기적으로는 효과가 거의 없다고 보는 것이다. 공교육을 믿고 잘 따라가는 것이 장기적으로 보면 더 효과적이다. 학생이 공부로 성과를 보는 시점은 대학 입학보다 대학 졸업 후가 중요하다. 교육 비용은 장기투자에 속하기 때문에, 학생이 성장하는 연령대별 배분이 중요하다.

> **AI 사회에서 학교는 전 국민에게 필수 코스다.**

AI가 주도하는 미래에 지금 같은 학교가 존속될까 하는 질문이 종종 나온다. 결론부터 말해보면 학교는 미래에도 존속할 것이라 본다. 그 이유는 자녀를 둔 학부모들이 안심하며 사회생활에 몰두할 수 있도록 누군가 미성년 학생들을 안전하게 지도하고 있어야 하는데, 그곳이 바로 학교이다. 학교에서 교사보다 기계가 어린 학생들을 가르치고 돌보고 있다면 우리는 만약의 경우에 대한 우려가 클 것이다. 가령 기계에 고장이 발생하든지 전기에 이상이 생기면 큰 혼란이 야기될 수 있어서다.

학교는 전 국민의 세금으로 만들어진 매우 소중한 우리의 재산이다. 그리고 학교의 교사들은 우리나라의 미래를 책임질 아이들을 가르치는 훌륭한 지킴이들이다. 학교와 교사는 학부모를 대신해서 미성년 학생들을 가르치고 훈계해서 사회에서 빛이 날 어른으로 길러내는 것이다. 이유를 잘 모를 엉뚱한 곳에 사용하는 세금보다 훨씬 의미가 크다.

동네 주변에 있는 학교시설은 주민들 누구나 접근할 수 있으며, 필요에 따라 허가받은 후에 시설 활용이 가능한 공공장소다. 우리가 사는 주변에 학교가 있다는 것은, 일정 수의 거주민들과 학령기 학생들이 있다는 것이다. 따라서 주민들의 생활환경이 잘 갖추어져 있고 학생들의 재잘거리는 소음이 발생한다는 의미가 된다. 인구축소 시대에 학교가 주변에 있는 것은 매우 반가운 일이다.

교육의 유형 중에 학교 교육과 가정 교육이 있다. 가정 교육은 어린 영유아부터 가정생활에서 강조해야 하는 의식주 습관, 가족들과의 행복한 공동체 생활 규칙, 외출 시 최소한의 질서와 예절, 사회성과 기본 인성 등이 포함되어야 한다. 초등학교에 입학 시 기본 생활 습관이 잘 되어있어야 원활하게 학교생활을 이어갈 수 있다.

학교 교육과정은 유·초등·중등의 학교급에 따라 배워야 할 각 교과목의 내용을 국가에서 주도적으로 구성하고 관리한다. 우리나라 17개의 시도교육청은 중앙정부에서 작성해서 배포한 교육과정에 따라 지역별 특성을 고려해서 수업을 운영한다. 학교는 교육과정 운영에 관해서는 공권력이 있는 곳이고, 교사인 교육공무원은 법으로 지위와 권위를 인정한다. 다른 말로 학교의 교육과정과 교사의 업무는 법으로 관리하므로, 그 어떤 사설 교육 기관보다 상위에 있다는 의미이다.

따라서 AI와 디지털이 사회 전반을 획기적으로 바꾸어 놓아도 학교는 미성년 학생들을 책임지고 훌륭한 국가 인재로 양성해야 하는 당위성이 있는 곳이다. 어른들이 직장생활하는 대낮에 어린 학생들을 안전하게 믿고 맡길만한 곳이 바로 학교다. 학교에 일부 AI 기계가 보조 역할을 위해 투입될 수 있지만, 학령기 학생들의 다양한 변수에 대응해야 하는 의무는 사람인 교사들에게 있다. 그리고 예비 교사들을 잘 가르치고 양성해서 교단에 서노톡 하는 진국의 교원 양성 대학들이 그들 뒤에 있다. 결과로, 우리나라 청소년의 미래가 학교에 있으니 학교를 만만하게 보고 쉽게 생각하면 안 되는 곳이다. 특히 기계 중심의 미래 AI 시대에 학교가 안전하고 뛰어놀 수 있는 아이들의 생활 터전이 되도록 전 국민이 지켜야 한다.

PART 3 인구축소 시대 맞춤형 디지털 학습

02
미래 인재 양성의 방향

❝ 디지털의 순기능을 찾아서 집중한다.

우리나라 인구는 전 세계가 주목할 정도로 기막히게 줄어들고 있다. 벌써 오래전에 경고음이 울렸고 재정도 많이 투입했지만, 별 효과를 보지 못하고 있다. 여러 이유가 있겠지만 자녀 교육에 대한 부담과 부모로서 살아가기에는 꺾여버린 여러 가지 소망이 큰 이유라고 본다. 아이 한 명을 제대로 투자해서 바람직한 사회인으로 길러낸다는 것은 부모로서 재정적, 에너지 투입에 무척 부담되는 것이 사실이다.

디지털 강국인 우리나라는 육아 지식과 경험, 노하우를 SNS에서 공유한다. 누가 어떤 집에 살고 어떻게 자녀를 교육하고 있으며 그 비용은 얼마나 되는지 속속들이 알 수가 있다. 아날로그 시대에는 전혀 예측하지 못했던 비교문화의 커다란 부작용이다. 급속히 퍼지는 정보에 사람들은 살아가는 자신감이 떨어진다. 지역, 학력 및 경제 수준 등 여러 가지 격차를 한꺼번에 수집하면서 개인은 점차 미래에 대한 희망이 쪼그라드는 것을 느낀다.

엄격한 필터링 없이 개인 방송이 넘치는 디지털 시대에 디지털의 역기능이 염려된다. 특히 분별력이 낮은 청소년들의 무조건적 모방과 무책임한 도전이 위험 수위를 넘나들곤 한다. 디지털의 가장 큰 힘은 먼저 정보를 짧은 시간에 수집과 요약하여 정리할 수 있다는 것이다. 학교 교육에서는 정보 수집과 활용이 최고의 디지털 순기능에 속한다. 기존에 외우고 또 외웠던 영어 단어, 그리고 번역과 통역이 대표적인 사례이다. 이제는 예전처럼 무거운 영어 사전을 갖고 다니면서 외우지 않는다.

다음으로 디지털의 힘은 멀티 감각이 포함된 구체적인 정보를 전 세계로 빠르게 확산할 수 있다. 이것은 디지털 기술의 장점이면서 단점이 된다. 퍼져 나가는 속도가 빠르다 보니 사건 사고가 삽시간에 해결되거나 사전에 방지되는 효과는 분명히 장점에 속한다. 반면에 가짜 정보인지 진짜 사실 정보인지 확인할 시간적 여유가 없이 일단 정보가 퍼진 다음에 뒷수습이 어려울 때도 있다.

이렇듯 디지털의 힘은 예상을 뛰어넘기도 한다. 우리가 이미 아는 바와 같이 미래 학생들은 디지털 위에서 배우고 생활하고 일하고 쉬고 즐길 것이다. 사회 전반이 디지털에서 움직이니, 디지털 안에서 효과적이고 효율적으로 생활하고 삶을 영위하는 효과적이고 효율적인 능력을 당연히 길러야 한다. 기존의 아날로그 세대들이 배우고 살아온 능력과는 다른 것이다.

디지털 시대에 살아가기 위해 시급히 필요한 능력은 디지털에서 지켜야 할 기본 질서와 가짜정보에 반응하지 않도록 디지털 문해력을 갖추어야 한다. 모두가 알다시피 교육의 성과는 노력과 시간 그리고 비용의 총합이다. 유·초등 학생부터 단계적으로 학교 교육에서 반영하는 것이 체계적이지만, 전 국민에게 함께 행동해서 동시적인 효과를 볼 수 있도록 공익 홍보와 계몽 교육을 고려해 봐야 한다.

> **디지털 기술을 개인 학습의 조교로 활용한다.**

디지털 인재를 양성하는 최선의 전략은 학교에서 교사와 학생들이 디지털 기술을 원활하게 수업에 활용하는 것이다. 그런데 학교 환경에 인프라가 부족해서 디지털 기계에 접근이 어렵다면 디지털 능력을 키우기는 어렵다. 학령기 학생들은 일상의 대부분 시간을 학교에서 보낸다. 학교에서 수업과 여러 활동에 시간을 보내는 학생들은 자연스럽게 학교의 문화를 형성한다. 무엇을 배우고 어떤 활동을 하는지에 따라 학생들이 어른으로 성장한 이후의 생활이 달라질 수 있다.

현재 우리나라 국민은 아주 어린 영유아나 초고령층, 장애인 등 일부를 제외하고 누구나 스마트폰을 가지고 생활한다. 코로나19의 팬데믹 기간에 전 국민이 스마트폰으로 정보를 받고 행동하는데 연습이 충실히 되었다. 다른 말로 전 국민이 스마트폰으로 학습할 수 있는 기본 능력을 배웠다.

어떤 사람은 디지털 기술을 본인의 취미 생활에 이용하지만, 어떤 부류의 사람들은 디지털 기술을 활용해 직종을 만들어내고 경제 활동을 한다. 앞으로 디지털은 우리에게 학교도 되고 직장이 될 수도 있다. 배운 만큼 보이는 것이라 디지털 기술의 확장에 대한 이해도를 높이는 학습이 필요하다.

기성세대들이 학교에서 오래전 공부했던 일부 내용은 유효기간이 다했다고 봐야 한다. 교육의 궁극적 목표는 스스로 자기 주도적인 학습을 하는 사람으로 성장하는 것이라 알아서 필요한 내용을 업그레이드해야 한다. 디지털 안에는 다양한 학습 주제와 내용이 있으니 적극적으로 찾아보고 배우는 능동적인 자세가 필요하다. 스마트폰을 학습 도우미로 삼아서 물어보고 찾아다니는 열정을 실천해야 할 때가 되었다.

> **디지털 인재의 양성 방향은 체계적이어야 한다.**

디지털로 현명하게 공부하고, 놀고, 물건을 구매하고, 외부 세계와 소통하고, 직업과 취미 생활을 하기 위해서는 디지털을 많이 다루어 봐야 한다. 연습은 교육에서 매우 중요한 단어이다. 충분한 연습을 하지 않고 유용한 지식과 경험을 축적하기는 어렵다. 잘 알면서도 만족하게 연습하지 못하는 이유는 연습을 위한 시간 투자와 노력이 소홀해서이다. 물론 디지털의 환경이 부족하다면 그것부터 채워져야 한다.

얼마 전까지만 해도 컴퓨터게임은 공부 잘하는 모범생과는 반대되는 개념이었다. 그런데 최근에는 게임화(Gamification)라고 해서 수업에서 교사가 가르치고 배우는 활동으로 게임을 활용한다. 학생들이 마치 게임을 하듯이 새로운 개념을 배우고 연습하는 것이다. 학부모들은 학생들의 게임중독을 우려해서 컴퓨터 사용을 억제했었다. 그런데 그사이 세상이 많이 변화해서 이제는 컴퓨터게임을 학교 수업에서도 널리 활용하고, 나이와 관계없이 전 국민의 놀이가 되었다.

최근에 코딩이 중요하다고 해서 초등학생부터 대학생까지 배우고 있다.

그런데 나중에 컴퓨터로 무엇을 할 것인지 분명하지 않으면 남는 것이 없을 것이다. 코딩을 배워야 하는 이유 중 하나는 컴퓨터처럼 생각하고 체계화하는 과정을 이해하는 것이다. 그리고 이것은 디지털 AI가 주도하는 사회에서 편리하고 자유롭게 생활하기 위함이다.

만약, 일상에서 스마트폰이 없어지고 이전의 아날로그 시대로 회귀하면 사회가 아예 돌아가지 않을 것이다. 아침에 일어나서 날씨와 이메일, 문자를 확인하고 도로 사정이나 대중교통의 시간을 확인하는 것이 우리에게는 매우 익숙하지만, 디지털이 빠진다면 이 모든 것이 불가능해진다. 디지털의 세계를 이해한다는 것은 디지털의 세상에서 살아가는 새로운 방법을 배우는 것이다. 디지털 세계에 살아갈 디지털 인재는 어린 학령기 학생부터 이전과는 다른 방법으로 가르쳐야 한다.

우리나라 학생들은 중학생이 되면 이미 대학입시 준비에 돌입한다. 그래서 상대적으로 긴장감이 느슨한 초등학교 시기에 다양한 학습 경험을 추천한다. 코딩을 포함하는 디지털 기술을 경험하고 만들어보고 분석해 보는 것도 포함된다. 디지털로 교육받고 그 경험을 창의적 정보 제작으로 연결하는 것은 학생의 미래 진로와 취업, 사회생활에도 영향을 미치게 된다.

대학에 입학해서 강좌를 몇 개 배운다고 해서 디지털 인재가 뚝딱 양성되지 않는다. 많은 시간을 투자해서 연습하고 시도해 보고 실패하더라도 다시 도전하는 과정을 통해 미래 사회에 필요한 고급 인재로 성장할 수 있다. 교사와 학부모들도 학령기 학생 지도를 위해 디지털 문해력을 갖추어야 한다.

PART 3 인구축소 시대 맞춤형 디지털 학습

03
인구축소 시대에 일당백을 하는 인재

> **평생을 배우고 또 배워야 하는 시대다.**

코로나 시국을 지나면서 전 국민이 디지털에 익숙해졌다는 것은 모두 아는 사실이다. 하지만 전 국민이 자기 주도 학습을 통해 자가발전 하는 방법을 깨쳤다고 볼 수는 없다. 인구가 축소되는 시기로 접어들면서 인재 한 명이 일당백을 하는 고급 인재로 성장하도록 도와야 한다. 사람이 성장하는 생애 주기별로 배워야 할 중요한 학습 주제가 있다.

먼저, 학령기 학생들이 수업 시간에 좌절하지 않도록 보충학습의 기회를 무한 제공하는 것이다. 교과별 학생 수준을 세분화해서 디지털로 보충 학습이 가능하도록 콘텐츠를 구성하고 멘토를 설정하는 방법을 찾아볼 수 있다.

두 번째로는 전 국민이 디지털 콘텐츠의 역기능과 순기능, 안전한 사용법을 숙지하도록 반복해서 계몽 교육이 필요하다. 2023년 과학기술정보통신부 주관의 [스마트폰 과의존 실태조사] 보고서에 의하면 10대 청소년들은 게임과 동영상 시청에 많은 시간을 소비하고 있다. 학부모들은 자녀들의 스마트폰 과다 시청에 대한 원인으로 맞벌이 환경과 적절한 훈육 방법을 몰라서 방임하게 된다고 한다. 이것은 자칫 청소년기에 인터넷과 디지털 기기의 오용으로 인한 인터넷의 불법 해킹, 도박, 마약 판매 등에 넘어갈 수 있어 조심해야 한다. 앞으로 디지털 범죄는 점점 증가할 것으로 예상되므로 초등 저학년 학생부터 반복 교육이 필요하다. 전 국민이 디지털 범죄를 인식하고 대처하면 예방 효과가 나올 수 있다.

세 번째로 부모가 되는 청장년 세대들은 디지털을 활용해 부모 교육을 받으면 좋을 것이다. 정규학교 교육과정에서는 초등학교부터 고등학교까지 12년 동안 부모 교육을 제대로 가르칠 교과목 수업이 마땅하지 않다. 체육, 기술/가정, 도덕, 사회, 국어 등 교과목별로 약간씩 언급이 되겠지만 체계적으로 배울 기회가 없다. 대학에 와서 교양과목으로 수강해도 한 학기에 여러 주제를 듬성듬성 배우면 나중에 배운 내용을 기억하지 못한다. 직장생활을 하면서 결혼과 출산을 앞두고 필요한 내용을 학습하기에는 디지털 활용이 최선이다. 좋은 교육콘텐츠를 만들어서 배포하면 인구 증가에 도움이 될 수 있다.

네 번째는 고령층이나 취약계층이 디지털 사회에서 공동체 일원으로 어우러져 살아갈 수 있도록 디지털 기본 교육을 대대적으로 실시해야 한다. 불법 인터넷 범죄는 특히 사회 취약계층과 고령층을 대상으로 한다. 선진국에 살아가는 유익함은 사회 안전과 기본 복지가 전 국민에게 흘러가는 것이다. 보호 대상의 국민이 무엇을 조심하고 피해야 하는지 천천히 무한 반복해서 스마트폰으로 교육할 수 있기를 바란다.

앞으로 우리나라 인구는 예전 출생률로 회복할 것이라 기대하기 어렵다. 지금의 인구를 최대한 활용해서 잘 살아가는 전략 마련이 현실적 대안이라고 본다. 전 연령층에서 비효율적으로 발생하는 사회적 비용을 줄이고, 디지털 사회에 적합한 국민 한 명당 생산성을 올리는 교육이 필요해 보인다. 오랜 경험에서 알 수 있듯이 교육의 효과는 시간이 많이 소요된다. 그러나 효과가 나오기 시작하면 장기간 지속되는 특성이 교육의 힘이다.

> **나에게 필요한 학습콘텐츠는 나만 찾을 수 있다.**

학교에 모인 학생 전원이 신속하게 수업 목표를 모두 달성한다는 것은 불가능하다. 일반적으로 교실에 다수 학생이 모여서, 정해진 수업 내용을 주어진 시간에 맞추어 일사불란하게 습득할 수는 없다. 학생마다 개인 성향, 환경, 학습 스타일이 각각 다르다. 우리나라 초등학교 교사 1인당 학생 수는 2021년 기준으로 16.1명인데, OECD 평균인 14.6명보다 약간 많다.

예를 들어 초등 교사가 수업 시간에 16명을 대상으로 수준 차이, 성격 차이, 환경 차이를 모두 고려하면서 개별 학생에게 맞춤식 수업을 운영하기는 정말 어렵다. 학생이 교실에서 스스로 할 수 있는 일이 많아야 우수한 인재로 성장할 수 있다. 어린 나이부터 혼자 독립적으로 할 수 있는 일이 많아야 한다. 혼자서도 잘하는 자기 주도적인 학습의 반복 연습이 중요한 이유이다.

학교에 입학하면 학생들은 학교생활에서 인성과 사회성 및 자신감, 분석적 사고력, 도전 의식, 언어와 행동 예절을 배우게 된다. 초등학생은 일찍 귀가하는데, 맞벌이에 바쁜 젊은 초등학생 학부모들은 학교와 학원에 자녀의 교육을 거의 위탁한다. 학생 개인마다 맞춤형 교육이 필요한 시기에 어른의 지도에서 누락이 되거나 외면받으면 성장해서 사회 적응에 문제가 될 수 있다. 이때 학생 개인의 특성에 맞출 수 있는 AI 지능형 가이드를 제공하면 도움이 된다. 지금은 시범 운영에 가깝지만 앞으로 빠른 속도로 도입될 것으로 보인다.

지금처럼 정보가 넘치는 시대에 뭘 몰라서 시작 못 하는 것은 아닐 것이다. 행동으로 옮기는 실행력이나 시간을 관리하지 못해서 우왕좌왕하다가 미루게 된다. 자기 주도학습력과 실천력을 자기관리 능력이라고 할 수 있는데, 초등학생들도 이것을 학교에서 배운다는 말은 초등학생부터 스스로 공부할 주제를 찾아서 실행할 수 있다는 의미이다. 어린 나이부터 자신에게 맞는 학습 내용과 방법을 선택하도록 자신의 수준과 상태를 잘 파악하는 것이 핵심이다.

> **디지털 인재가 연봉이 높다.**

2018년 캐나다 교육 기관에서 실시한 연구 보고서에 따르면 소득이 높은 학부모들은 자녀 진로에 디지털 역량이 영향을 미칠 것이라고 보았다고 한다. 또한 디지털 활용 능력의 중요성도 소득과 관계가 있었다. 미국의 온라인 공개강좌 플랫폼인 코세라(Coursera)에서 2024년 고액

연봉이 예상되는 직업으로 데이터분석가, 소프트웨어 개발자, 앱/AI 개발자, 콘텐츠 제작자/관리자 등을 꼽았다. 우리가 이미 예상할 수 있는 것들이다.

학령기 학생들에게 코딩을 가르치고 수학적 사고력을 강조하는 것은 컴퓨터와 인터넷, AI의 관계성을 이해해서 사회생활에 잘 대처하라는 것이다. 그런데 현실은 기본이 되는 디지털 문해력을 가르칠 수 있는 인력이 부족한 편이다. 산업 현장에서 비싼 인력이다 보니 학생들을 가르치는 수업에 참여하기에 단가가 맞지 않는다.

이것은 대학도 마찬가지다. 고부가 가치 최신 기술을 가르치는 수업을 담당할 교강사를 구하기 어렵다. 대안은 디지털 콘텐츠를 통해 이러닝을 확산하는 것인데, 생각보다 많이 개발되지도 활용되지도 못한다. AI 분야의 디지털 교육콘텐츠를 제작하기 위해서는 디지털 환경에 맞추어 내용을 쪼개고 동영상을 만들어서 시스템 안에서 돌아갈 수 있도록 여러 분야 전문가들의 협업이 필요하다. 제작 기간과 비용이 많이 들어가고, 운영을 위한 별도 인력이 필요하다.

배우는 사람도 AI 분야의 학습은 대부분 자기 주도적으로 목표에 달성해야 해서 인내력과 지구력을 요한다. 어려움을 극복하고 훈련을 거치면 연봉이 높은 일을 할 수 있지만, 배우고자 하는 사람들이 개인 컨설팅과 튜터링을 제공받기가 쉽지 않다. 그래서 학습 콘텐츠와 더불어 튜터링 프로그램을 개발하라고 추천하고 싶다. 미래 디지털 인재를 양성하기 위해서는 적극적으로 대응해야 한다.

PART 3 인구축소 시대 맞춤형 디지털 학습

04
지피지기 백전불태(知彼知己 百戰不殆): 자신을 알면 위태롭지 않다.

> **교육의 궁극적인 목표는 자기 주도성이다.**

지금까지 살펴본 것처럼 혼자서 어떤 주제를 심도 있게 공부하는 것은 어렵다. 학교에 가거나 학원에 가면 나의 의지를 넘어서 시험이나 과제물을 억지로 시킨다. 직장 업무도 비슷하다. 업무 마감 기한이 있고 바라보는 눈들이 있으니 참으면서 억지로라도 해낸다. 사람을 오랜 시간 교육하는 숨은 이유 중의 하나는, 피라미드 사회 조직에 순응하도록 일정 부분 시키는 일을 잘하게 수동적 행동을 유도하는 요소가 있다. 하지만, 아이러니하게도 눈에 드러나는 교육의 목표는 스스로 잘 살아가는 독립적인 인간을 양성하는 것이라고 한다.

학교가 권위주의적이고 획일적 교육문화를 가지고 있다는 비판에 반대할 생각은 없다. 오래된 관습이 여러 세대가 섞여서 돌아가는 사회생활에 어느 정도 필요한 부분이기도 하다. 공동체가 중요하게 여기는 질서와 원칙을 지켜서 원만하고 건강한 생태계를 유지해야 한다. 그런데 MZ 세대인 디지털 네이티브*(태어나 보니 이미 디지털 세상이 되어 있는 젊은 세대)*들에게 오래된 조직 문화에 자신을 맞추고 참고 인내하라고 한다면 어떻게 받아들일지 고민해 봐야 한다.

기술과 사회 변화는 놀랍게 변해도 학교 교실은 변화가 느린 곳이다. 4차 산업으로 세계의 흐름이 바뀌어도 교실 수업은 운영과 흐름이 수십 년 전과 대동소이하다. 사범대학에서 예비 교사를 양성하는 교육과정도 내용에 약간의 변화와 가르치는 방법에서 인터넷과 참여 활동이 포함되는 정도이다. 그래서 의문이 생긴다. 혼자서도 잘 헤쳐 나가는 독립적인 인간으로 교육하는 방법이 예전과 어떻게 달라져야 하는가, 지금은 디지털 시대인데 말이다.

디지털 시대에 개인의 지적, 경제 수준, 환경의 격차는 축소시켜야 할 과제이다. 학교 교육에서도 학생 개인차는 극복해야 할 대상으로 보고 있다. 교육학 이론에서는 학생 자신이 스스로 목표를 설정하고 실천을 책임지는 구성주의적인 접근이 유용하다고 강조한다. 학교 교사들은 배워서 이미 알고 있는 내용인데, 교실 현장에서는 많은 변수 때문에 실상 실천하기가 어렵다. 디지털 매체를 활용해 개인차를 극복하고 맞춤형 학습을 제공하려는 의도가 여기에 있다. 우선 디지털 매체가 놀이뿐 아니라 학습에 매우 유용하다는 사실을 알고 있어야 한다.

공식적인 교육기관의 바깥에서 비공식적으로 학습할 수 있는 콘텐츠는 많다. 일부는 무료로 제공한다. 우선 내가 무엇을 배우고 싶은지 정확히 파악하는 것이 중요하다. 단순한 호기심이라면 인터넷의 유튜브 혹은 유사 플랫폼의 동영상 자료에서 주제에 맞는 정보를 몇 번 찾아보면 된다. 목표가 분명히 있고 성과를 내고 싶은 공부 주제가 있다면, 관련 기관 웹사이트에 들어가서 정보를 수집한 후에 비용 발생과 학습 기간을 따져보고 시작하면 된다.

다음은 학습일지를 작성하는 것이다. 매일 혹은 격일로 자신이 무엇을 어느 정도 공부했는지 짧게 기록해서 일주일 한 달 동안 공부의 양과 질을 성찰해 보면, 자신에게 가장 적절한 공부 시간과 공부 방법을 찾을 수 있다. 스마트폰의 일정 관리에서 간단히 한 줄 요약도 가능하다.

❝
자신을 먼저 파악하고 디지털 세상을 탐험하자.

자신이 주인공이 되어 학습하는 자기 주도 학습의 핵심은 본인이 선생님이자 학생이 되는 것이다. 우리는 초등부터 고등학교까지 12년을 다니면서 사회생활에 필요한 여러 가지 지식과 행동, 습관, 태도를 배우는데 결과로 고졸 성인은 스스로 계획을 수립하고 자율적으로 모르는 것도 채울 수 있는 사람이다. 우리나라 민법에 만 19세가 되면 성년으로 인정하는데, 이때부터 자신 행동에 책무성과 법적 책임이 부여된다.

성년이 된 대학생들을 관찰하면 자신이 주도적으로 일상을 살아가는 학생들이 많지 않다. 대학 3학년 정도면 졸업 후 진로와 취업, 결혼과 가정에 대한 계획이 있을 것 같지만 현실은 다르다. 뭐부터 해야 하는지 잘 모른다. 대학생들은 믿을 만한 누군가의 도움을 받아 시키는 데로 따라

하고 싶어 한다. 수동적인 삶을 살아온 습관도 있고, 자신이 무엇인가 결정하는 것에 자신이 없는 것이다.

반면, 유치원생들은 무엇을 혼자서 하고 싶어 한다. 혼자서 옷 입기, 운동화 끈 묶기, 먹고 싶은 메뉴 스스로 선택하기 등 독립적이길 원한다. 초등학생이 되면서 본인의 선택에 대한 자신감이 떨어지며 시키는 것을 하게 된다. 행동에 대한 선택권과 책임을 자의 반 타의 반으로 포기하게 되는데, 이렇게 12년을 학교에서 생활하면 능동적이고 독립적인 성인으로 살아가기에 오랜 시간이 필요하다. 실수와 실패를 통해 배우고 도전하는 기회와 연습이, 인생 초반이 아닌 중반에 이루어지면 인생 전체가 힘들어진다.

디지털 매체는 여러 사람의 경험을 다양하게 보여줄 수 있다. 디지털 매체를 통해 학교 수업처럼 시간에 쫓기지 않고, 자신에게 흥미 있는 여러 직업의 사람들, 다양한 부류의 사람들이 살아가는 모습을 탐구할 수 있다. 또 자신을 돌아보면서 분석하고 조언도 얻을 수 있다. 처음에는 그 누구도 서툴고 혼자서 책임지는 행동을 하지 못하지만, 연습 후에 능동적이고 자율적인 어른이 된다. 어린 자녀라면 학부모나 멘토가 옆에서 지도해주면 효과적이다.

이렇게 학생이 스스로 자신의 학습 수준과 학습 성향을 파악해서 스스로 학습 과정을 조절하고 발전해 나가는 직접 경험이 중요하다. 처음에 서툴러도 반복하면 잘할 수 있다. 학교에서 디지털 교육을 강조하는 이유 중 하나는 학습 과정에서 학생이 자신의 수준을 파악하고 스스로 공부할 내용과 방법을 찾아가는 것이다. 이 때 수박 겉핥기가 아니라 '왜'를 반복하면서 곱씹어 생각해 봐야 도움이 된다.

> **자기 주도적인 학습에도 원칙이 있다.**

혼자서 공부 계획을 세울 때 가장 필요한 원칙은 목표를 낮게 잡는 것이다. 내가 매일 또는 매주 따라갈 수 있을 정도의 학습 분량을 정한다. 예를 들어, 근육운동을 위해 스쿼트를 매일 아침과 저녁 10개씩만 동영상을 보고 두 달 동안 따라 하는 것이다. 디지털 홈트(홈트레이닝)용으로 스쿼트 자세를 가르치는 동영상을 참고하면 된다. 대신 보상이 있어야 동기가 지속되니 운동을 마치고 자신이 선호하는 간식을 조금 먹거나 음악을 들어 좋은 감정을 지속하면 운동이 습관이 된다.

스스로 자신을 다독여서 오랫동안 공부하려면 동기 유발을 신경 써야 한다. 자극과 보상을 적절히 배합하는 것이다. 쉬운 예로, 애완견을 훈련할 때 원하는 행동을 하면 간식을 주어 행동을 강화하는 방법이다. 이것을 행동주의적인 교육이론이라고 하는데, 가장 많이 활용하는 교육 기관 중에 신병훈련소 같은 군사교육기관이 있다. 행동 강화를 위해 목표한 행동을 잘하면 보상이 주어지는데, 대표적인 예가 신병훈련소에서 규율 엄수나 운동 기록이 좋아서 가족이나 지인과 전화할 기회를 받는 통신 보상이다. 신병들이 최선을 다하는 모습을 볼 수 있는데, 사람도 크게 보면 동물의 범주에 속하기 때문에 군사교육에서 동물의 속성을 활용하는 것이다.

목표가 설정되고 동기도 생긴 다음 성공적인 결과에 도달해서 작은 성공이 쌓이면 자신감과 만족감이 높아진다. 더 높은 목표에 도전하고 싶어지고 성공에 대한 자신감이 두려움을 상쇄한다. 관련 연구를 보면 성적이 안 좋은, 즉 공부 성취도가 낮은 학생들은 자신감 결여와 작은 성공 경험이 낮은 편이라고 한다. 자신감이 낮아서 행동에 위축이 오는 악순환이 계속되면 도전하지 않게 된다. 이 악순환을 끊으려면 주변에서 작은 성공에 대해 칭찬을 많이 해주는 노력이 필요하다. '칭찬은 고래도 춤을 추게 한다'는 책 제목은, 교육학적으로 맞는 말이다.

혼자서 학습하기에 디지털 콘텐츠는 좋은 방법이다. 다만, 혼자서 잘하고 있는지 점검과 코칭이 필요하다. 자신보다 능력이 뛰어난 멘토를 정해서 도움을 받으면 좋은 성과를 낼 수 있다. 능력이 출중한 스포츠 선수가 코치와 함께 훈련하는 것과 마찬가지다. 자신을 여러 각도에서 분석하고 더 낳은 목표를 향해 행진할 수 있도록 도와주는 역할이다. 멘토는 디지털상에서 도움을 받아도 효과가 있다. 멘토를 찾아내는 것은 자신의 역할이다. 주변에서 도움을 줄 만한 훌륭한 선배, 선생님, 가족이나 친지와 좋은 관계를 유지하면 된다. 이런 과정에서 사회성과 인성도 좋아진다. 어린 학생들에게는 학부모가 스스로 공부해서 방법을 터득한 다음 초기 멘토가 되어주어야 한다.

PART 3 인구축소 시대 맞춤형 디지털 학습

05
평생 활용하는 똑똑한 디지털 학습 방법

디지털 학습의 장점을 먼저 분석한다.

디지털 학습의 가장 큰 장점은 자신의 속도에 맞추어 공부할 수 있다. 학습 중에 디지털 콘텐츠를 잠시 정지하고 관련된 다른 자료를 찾아서 보충학습을 할 수도 있다. 조심해야 할 단점은 이렇게 정보를 찾다가 엉뚱한 곳에서 오랫동안 머무를 수도 있다. 그래서 다른 곳을 찾아다닐 때 습관적으로 시간을 확인해 보고 5분 이상 머물게 되면 스스로 돌아와야 한다.

혼자서 공부하는 계획을 세울 때 자신의 공부 행동을 돌아보는 시간을 포함한다. 이것을 성찰이라고 한다. 자신의 상태를 잘 파악해서 문제가 있으면 바로 수정하는 것이 핵심이다. 30분 간격으로 내가 지금 제대로 학습하고 있는지 돌아보고, 주제와 너무 멀리 가 있거나 다른 생각에 사로잡혀 있으면 원위치한다. 이렇게 성찰의 습관이 생기면 살아가는 동안 생각과 행동을 상시 교정할 수 있다.

교육 기관의 공식적 프로그램이 아닌 비공식적인 학습콘텐츠는 생각보다 많다. 무료로 제공하는 곳이 많고 해마다 업그레이드도 한다. 이런 콘텐츠를 유의미하게 사용하려면 먼저 자신이 무엇을 배우고 싶은지 정확히 파악해야 한다. 단순한 호기심이라면 인터넷과 유튜브 같은 동영상 자료에서 주제에 맞는 정보를 몇 번 찾아보고 난 다음에 좀 더 긴 계획을 세운다.

목표가 있고 성과를 내고 싶은 공부 주제가 있다면 관련 기관 웹사이트에 들어가서 정보를 수집한 후에 비용 발생과 학습 기간을 따져보고 시작할 수도 있다. 약간의 비용을 지불하고 나면 목표 의식이 달라지고 학습 의지도 높아질 수 있다. 만약 도전을 좋아하는 성향이라면 약간 높은 목표 계획을 세워도 좋다. 처음에는 하루에 한두 시간 정도 공부 계획을 세워 점차 높이는 것도 좋은 방법이다. 핵심은 집중과 몰입의 정도이다. 디지털의 단점은 여기저기 인터넷 바다를 돌아다닐 수 있어서 시간 낭비에 조심해야 한다.

❝
디지털 AI 기술은 나를 따라와야 의미가 있다.

시니어들이 많이 다니는 노인대학, 문화센터, 평생교육원에서도 디지털로 공부하는 사례가 많다. 예를 들어 요가 수업에서 강사가 카메라 앞에서 시범을 보이고, 수강하는 시니어들은 집에서 화면을 통해 요가 강사의 자세를 보면서 배운다. 그리고 자신의 자세는 카메라를 통해 강사에게 전송해서 자세 교정을 받는다. 이것은 코로나 기간 실제 있었던 사례지만 지금은 AI 적용까지 가능하다. 개인의 수준에 맞는 진도를 알려주고 취향도 고려한다.

반복이 가능한 동영상 수업은 개인 맞춤형을 제공할뿐더러 배우러 오가는 시간을 절약할 수 있다. 충남 소도시에 있는 한글 대학 시니어 학생은 디지털 문해력 기초교육을 받은 후 아들과 핸드폰 문자 대화, 동영상 주고받기도 한다. 농사짓다가 모르는 게 있으면 인터넷으로 찾아보는 기쁨이 쏠쏠하다고 한다. 예전에는 이웃이나 마을 이장님께 전화하거나 직접 찾아갔는데, 이제는 핸드폰이 선생님이라 너무 좋다고 했다. 모르는 단어가 나오면 네이버의 GPT CLOVA X에 들어가면 상세하게 설명해 준다.

기대수명이 점점 길어지고 노년 건강도 예전보다 좋아졌다. 일생을 통해 뭔가를 배우고, 배운 것을 실제로 활용해 보는 평생 교육의 개념이 널리 알려져 있다. 노년에도 음악, 미술, 스포츠, 철학, 기술 등 모르던 분야를 알아가는 과정은 신비롭다. 인터넷 속에서 자신이 스스로 선생님이 되어 매일 질문하고 답을 찾아보면 정신 건강도 잘 유지된다. Chat GPT를 활용해 심화 학습이 가능하도록 시리즈의 질문을 만들 수도 있다. 내가 찾는 질문의 답은 Chat GPT가 답을 하고 나는 그다음 질문을 통해 높은 수준의 지식을 쌓을 수 있는 것이다.

여기서 중요한 2가지를 기억해야 한다. 먼저 AI가 자신의 수준에 맞출 수 있도록 자신의 흥미와 관심에 맞는 주제를 찾아야 한다. 맛보기 학습을 한 후에 주제를 잘못 짚었다면 변경하면 된다. 다음은 본인 수준에서 실행이 가능한 목표를 세워 꾸준하게 실천하도록 학습 분량을 정한다. 매일, 매주 일정량을 시간과 분량으로 나누어 배분한다. 본인의 의지력 수준을 반드시 점검해서 작심삼일, 시작만 요란한 스타일이면 심각하게 반성하고 각오를 새롭게 다진다. 91-92쪽의 학습 활동지와 성찰지 양식의 내용을 참고해서 실천력을 높일 수도 있다.

> **맞춤형 개별 활동지와 성찰지는 학습의 결과를 좌우한다.**

교육학의 구성주의적인 학습 방법을 활용해서 자신이 원하는 것이 무엇인지 생각해 보고 학습 목표를 세운다. 똑똑한 학습자는 자신이 무엇을 잘하고 못하는지 알아서 자신에게 무엇이 필요한지 알아차리는 사람이다. 이것을 잘하기 위해서는 분석적 사고력이 우선이다.

자신의 성향과 의지, 추구하는 목표를 요리조리 살펴봐야 자신이 무엇을 원하는지 찾을 수 있다. 다음에는 공부할 내용과 가장 효과적인 공부 방법을 찾는 것인데, 이것은 아래와 같은 학습 활동지를 활용해서 기록하면 매우 효율적이다. 예시를 참고하면 자신만의 활동지 작성이 쉬워질 수 있다. 스마트폰을 이용하여 일정표에 항목을 구분한 후 간단히 기록해도 유용하다.

학습 활동지는 매일 일지 쓰듯이 기록하고 전체 점검은 한 달 기준으로 활동 내용을 기록하면 한눈에 본인의 학습 활동에 대한 흐름을 알 수 있어서 효과적이다. 처음에는 어색해서 어떻게 기록할지 머뭇거리게 되지만 몇 번 써보면 익숙해진다. 디지털 기계와 함께 혼자서 학습할 때는 필수적으로 기록하기를 추천한다. 목표를 일정 수준 이상 달성하면 자신에게 수여할 보상을 정해서 자신감을 상승시키는 것을 잊지 말기 바란다. 그리고 꼭 보상을 수여해서 차기 학습 계획의 기대 심리를 강화해야 한다.

학습 활동지가 현재 상태를 기록하는 용도라면, 성찰지 기록은 흘러간 학습 시간과 활동에 대한 반추와 반성의 내용이라 할 수 있다. 무엇이 잘 되었고 안되었는지 돌아봄으로써 미래 학습을 좀 더 효과적이고 효율적으로 개선할 수 있다. 활동지와 성찰지 기록을 혼합해서 자신에게 맞춤형으로 작성해도 좋다. 중요한 것은 기록하느냐, 아니면 그냥 지나쳐 버리느냐에 따라 1년 뒤에 학습의 결과는 매우 다르다는 것이다.

개별 학습 활동지

학습 주제	(예시) AI 활용 고등교육 해외 사례		
학습 목표	(예시) 1. 미국, 유럽의 고등교육 활용 사례 2개를 효과성 기준으로 분석한다. 2. 나에게 맞는 온라인 교육과정을 찾는다.		
매일(매주) 학습 분량	(예시) 4주 동안 매주 사례 1개를 수집해서 효과적인지 살펴본다. 예상 학습 시간 : 1주일 기준 4~6시간		
학습 집중 시간	(예시) 매주 월/수요일 오후 4:00~7:00, 또는 화/목요일 저녁 8:00~10:00		
동기 유발 보상	(예시) 디저트 먹기 또는 추천 도서 구입		
학습 진도 확인	매일 기준	월	(예시) 오후 4시 학습 시작, 6시 종료
		화	
		수	(예시) 오후 4시 학습 시작, 7시 종료
		목	
		금	
	매주 기준	1주	(예시) 진도 5/6 달성
		2주	
		3주	(예시) 진도 100% 달성
		4주	
	기타 : (예시) 학습 장소 변경 예정(집중도에 차이가 예상됨)		

개별 학습 성찰지

학습 주제	(예시) AI 활용 고등교육 해외 사례	
학습 목표	(예시) 1. 미국, 유럽의 고등교육 활용 사례 2개를 효과성 기준으로 분석한다. 2. 나에게 맞는 온라인 교육과정을 찾는다.	
매일(매주) 학습 진도 달성률	(예시) 매일 평균 95%, 매주 평균 90%	
학습 집중도 (학습이해도 포함)	(예시) 1. 집중도 약 80% (주변에 잡음이 많음, 장소이동 예정) 2. 이해도 약 60% (사전 지식이 없어서 이해가 어려움)	
나의 학습 장·단점	장점	(예시) 한 번에 40분 정도 자리를 뜨지 않고 학습할 수 있음
	단점	(예시) 집중도가 약함. 주변 소음에 신경이 많이 쓰임
개선점	(예시) 집중도를 높이기 위해 장소를 이동해서 학습 해야겠음. 현재 장소 물색 중임(이번 주 안으로 찾아서 이동 예정)	

4장

진로와 경력 개발 방법의 전환

01. 나에게 맞는 진로 찾기
02. 진로 개발을 위한 학습에너지 충전하기
03. 경력은 평생 쌓는 레고 블록 게임
04. 지장(智將)과 덕장(德將), 더 중요한 것
05. 디지털 시대의 소통과 공감 능력

PART 4 진로와 경력 개발 방법의 전환

01
나에게 맞는 진로 찾기

> **학교는 단체로 기본 상식과 지식을 배우는 곳이다.**

학교에서 가르치는 교과목의 내용은 논리적이고 합리적으로 구성되어 있다. 국어, 수학, 사회, 과학, 영어 같은 과목은 학년별로 내용을 나누어서 가르친다. 오랜 기간 축적된 지식 덩어리를 학년 수준에 맞게 쪼개고 교사가 가르치는 방법까지 지도서에 포함해서 세트로 구성한다. 국가가 주도하는 교육과정은 여러 번의 개정을 통해서 교과목별 내용을 차곡차곡 체계적으로 축적해 왔다.

학년이 올라갈수록 수업 내용은 상하좌우로 넓어지고 깊어진다. 이것을 수업 내용의 수직 수평적 계열성이라고 한다. 초등학교 1학년부터 중학교 3학년인 9학년까지 학교에서 가르치는 모든 과목은 수직과 수평적으로 수업 내용이 연결되어 있다. 고등학교 1학년이 되는 10학년부터 졸업하는 12학년까지 고등학교 교육과정은 선택 과목으로 운영된다. 앞으로 대학 입시 준비 과정인 고교는 대학처럼 학점제로 운영될 예정이라고 한다.

중학교 학생들은 [초·중등교육법시행령]에 명시된 자유학기제나 자유

학년제 기간에 자신의 진로에 관한 탐구 활동을 한다. 예를 들어 동아리 활동, 직업과 관련된 기관 탐방 현장 학습, 사회 문제해결 학습 등 학생 개인의 적성과 흥미가 무엇인지 찾아보도록 자유 학습의 기회를 주는 것이다. 주로 중학교 2학년에 실시하는데, 중2병이라고 불리는 천방지축 사춘기 기간과 진로 탐구 수업 활동이 연결되어 중학교 교사들은 중학교 2학년 학생 지도가 어렵다고 한다.

이 시기에 진로를 발견하는 행운의 학생들도 있지만, 대부분은 대학생이 되어도 자신에게 맞는 적성과 진로를 찾아서 우왕좌왕한다. 자신의 타고난 성격과 성향을 분석하면 그래도 자신의 진로를 좁혀갈 수 있다. 평소에 자신이 어떻게 생활하는지, 어떤 교과목에 관심을 두었는지 잘 관찰하면 적성과 진로의 폭을 좁혀갈 수 있다.

대학생들에게 물어보면 하루에 동영상이나 SNS에 시간을 최소 한두 시간, 많게는 네다섯 시간을 소비한다고 한다. 그런데 어떤 내용에 관심이 있냐고 물어보면 재미있는 코미디, 유머, 스포츠, 연예인, 음식 등에 관심을 보인다. 자신의 미래 관심사나 진로를 주제로 깊이 있게 파고드는 학생들은 거의 없다. 디지털에 익숙한 MZ 세대들로 디지털 매체를 학습이나 자기 계발을 위한 수단으로 활용하기보다, 취미나 재미를 위한 수단으로 사용하는 것으로 보인다.

그렇다면, 학교는 왜 나에게 필요한 진로지도나 경력 개발에 대한 지식과 경험을 주기 어려운 곳인가. 학교 교사는 정해진 교육 과정을 주어진 시간 안에 조직적으로 수업을 진행해야 한다. 교사는 수업마다 성취해야 할 성취 기준이 정해져 있고, 학생 개인의 관심사보다 학생 전체를 대상으로 성취 기준에 도달하는 것이 더 중요한 업무이다. 학생이 스스로 자신의 수준이나 진로 계획을 알아서 찾아다녀야 하는데, 이것을 잘하는 학생이라면 더 이상 학생의 수준이 아니라 할 수 있다. 그래서 다수의 학생은 개별 지도가 필요하다.

> **디지털에서 진로를 탐색해 보자.**

일반 학교의 교실 장면을 한번 그려보자. 교사가 바쁘게 수업 내용을 전달하다 보면 다양한 학생들로 인해 변수가 생긴다. 뜬금없는 질문을 하는 학생, 친구와 갑자기 언성 높이는 학생, 화장실 간다는 학생 등 많은 경우의 수가 발생한다. 교사들이 교실에 들어가면 수업 진도 빼기 바쁘다는 이유가 여기에 있다. OECD 국가들이 교사 1인당 담당 학생 수 기준으로 교육의 질을 결정하는 이유다.

학생들은 초등학교에서 중학교로, 다시 고등학교로 진학하면서 자신의 진로와 취업을 생각해 본다. 중학교 자유학기제에서 진로 탐험의 기회가 있다지만, 우리나라 청소년들은 대학을 졸업할 때까지 자신의 진로와 취업의 선택지를 고르지 못한다. 이유를 찾아보라면, 학생 스스로 자신에 대해서 성격, 취미, 관심 분야 등을 치밀하게 분석해 보거나, 누군가 전문가의 도움을 받아 살펴본 본 적이 없다는 것이다.

대학에서 전공을 선택한 이후에도 자신이 무엇을 좋아하는지 몰라 망설이고, 심지어 중년의 나이에 자신의 흥미와 관심을 다시 찾기도 한다. 대학을 졸업할 때까지 학교생활 16년 동안 자신의 미래를 위해 무엇을 선택할지 진지하게 생각할 여유를 갖지 못하는 것은 안타까운 현실이다. 학교 다니는 동안 진로를 찾는데 도움받지 못하면, 디지털에서 스스로 다양한 진로를 찾아보도록 가이드를 제공해야 한다. 인구축소 시대 학생 1명의 생산성이 국가의 경쟁력이 되기 때문에, 특히 앞으로는 더욱 세심하게 지도하고 지원해야 하는 영역이다.

예를 하나 들어보자. 디지털 시대는 인터넷에서 주제만 잘 찾으면 교사에게 배울때 보다 더 구체적인 자료를 자신의 것으로 만들 수도 있다. 예시로 네이버 GPT인 CLOVA X에서 [도선사가 되기 위해 무엇부터 할까요?]라는 질문을 했더니 다음과 같은 답을 주었다.

도선사가 되기 위해서는 다음과 같은 과정을 거쳐야 합니다.

1. 해기사 면허 취득 : 도선사가 되기 위해서는 해기사 면허가 필요합니다. 해기사 면허는 항해사, 기관사 등 선박 운항에 관련된 자격증으로, 해양수산부에서 주관하는 해기사 시험에 합격하여 취득할 수 있습니다.

2. 승선 경력 쌓기 : 해기사 면허를 취득한 후에는 선박에 승선하여 경력을 쌓아야 합니다. 도선사 시험에 응시하기 위해서는 5년 이상의 선장 경력이 필요합니다.

3. 도선사 시험 응시 : 5년 이상의 선장 경력을 쌓은 후에는 도선사 시험에

응시할 수 있습니다. 도선사 시험은 해양수산부에서 주관하며, 필기시험과 면접시험으로 구성됩니다.

4. 도선사 면허 취득 : 도선사 시험에 합격하면 도선사 면허를 취득할 수 있습니다. 도선사가 되기 위해서는 위와 같은 과정을 거쳐야 하며, 단계마다 많은 노력과 시간이 필요합니다.

도선사가 되기 위해서는 해기사 면허부터 취득해야 한데서, 이번에는 [해기사는 무엇부터 해야 하는지] 다시 질문했다.

해기사가 되기 위해서는 다음과 같은 과정을 거쳐야 합니다.

1. 교육 기관에서 수료 : 해양, 수산계 고교 및 대학, 한국해양수산연구원 등의 해양수산부 지정 교육 기관을 수료(실습 포함)하는 경우 자격을 취득할 수 있습니다. 교육 기관에서 졸업하면 3~5급 해기사 자격증 취득이 가능한데, 일반인은 한국해양수산연구원 3, 5, 6급 해기사 양성 과정으로 들어가서 취득을 많이 합니다.

2. 승선 경력을 갖추고 국가 자격시험 응시 : 일반 선원으로 선박지원법에서 정하고 있는 승선 경력(3급 기준 5년)을 갖추고 해기사 국가 자격시험에 응시하여 합격하면 해기사 면허증 취득이 가능합니다.

위의 두 가지 방법 중 하나를 선택하여 해기사가 될 수 있습니다.

다시 CLOVA X에게 [해기사가 되려면 어떤 대학을 가야 하는지] 질문을 했다.

1. 한국해양대학교 : 해사대학을 운영하고 있으며, 해사대학 졸업 시 3급 해기사 면허를 취득할 수 있습니다.

2. 목포해양대학교 : 해사대학을 운영하고 있으며, 해사대학 졸업 시 3급 해기사 면허를 취득할 수 있습니다.

3. 부경대학교 : 해양생산시스템관리학부, 해양경찰학과, 해양바이오신소재학과 등에서 해기사 관련 교육을 받을 수 있습니다.

4. 군산대학교 : 해양산업운송과학기술학부, 해양경찰학과 등에서 해기사 관련 교육을 받을 수 있습니다.

5. 경상국립대학교 : 해양과학대학에서 해기사 관련 교육을 받을 수 있습니다.

이렇게 약 10분만 투자하면 내가 원하는 직업을 갖기 위해 무엇을 어떻게 해야 하는지 바로 답을 구할 수 있는 시대가 되었다. 불과 몇 년 전에는 수많은 자료를 수집해서 분석해야 이렇게 정리 요약된 정보를 만들 수 있었지만, 이제 놀라운 세상이 되었으니 나의 미래를 위해 디지털 기술을 적극 이용해 보자.

PART 4 진로와 경력 개발 방법의 전환

02
진로 개발을 위한 학습에너지 충전하기

> **학이시습지, 불역열호 (學而時習之, 不亦說乎), 나이는 중요하지 않다.**

공자의 논어에 나오는 『배우고 익히면 인생이 즐겁다』라는 의미의 고어다. 매일 학교에 다니는 청소년들은 이 말을 이해하기 어렵겠지만, 중년 이후 세대들은 고개를 끄덕일 것이다. 살다 보면 모르는 것을 배워서 느끼는 만족감의 삼삼함을 알게 된다. 100년을 내다보는 인생의 이모작, 삼모작, 인생 후반전이라는 단어에는 평생 새로운 것을 배워야 한다는 의미가 들어 있다.

따라서 공부도 나이가 있다는 말은 이제 안 통한다. 전문대학 신입생 중 2022년 기준 만학도는 3만 명이 넘었다. 예전과 달리 대학생 나이가 교수 나이보다 많다. 배우겠다는데 나이가 뭐 대수겠는가. 이제는 나이가 지긋하신 장년들이 대학 신입생이 되는 것이 평범한 세상이 되었다. 대학도 학령기 학생들의 축소와 맞물려 오히려 반기면서 만학도를 위한 여러 준비를 하고 있다.

하지만 학령기 학생들의 학교에 대한 느낌과 생각은 다르다. 중학생들

대상으로 한 설문조사에서 학교에 가는 이유에 대한 답변으로 친구를 만나고 점심 급식을 먹으러 간다는 답이 맨 위였다. 자신의 미래를 위해 공부하러 학교에 간다는 항목은 한참 후순위에 있였다. 이들은 아직 어려서 배우는 즐거움을 깨닫지 못했을 것이다. 그런데 10대 학생들의 고졸 검정고시 응시율이 2022년보다 2024년 4월 기준 35% 증가하여 16,300명이 넘는 것을 보면, 기회를 이용하고 도전하는 학생들이 많아지는 것은 일단 다행이다.

우리나라 방송통신중학교, 방송통신고등학교는 때를 놓친 학생들이 나이와 상관없이 언제 어디서든지 디지털로 학습 기회를 제공한다. 비용은 거의 무료다. 교재비만 내야 하는 정도이다. 학생들의 평균 연령대가 높아서 화면 글씨와 선생님 설명도 학생 눈높이에 맞추어 준다. 몇 번이고 반복 학습이 가능하니 공부 재미가 좋아, 대학 진학까지 욕심내는 시니어 학생도 있다. 방송통신대학교는 저렴한 학비로 성인 학습자들이 학위과정에 도전하는 곳이다. 온라인으로 수업하고 시험이나 특별한 활동 시에만 대면으로 모이면 된다. 누구든지 원하면 누릴 수 있는 배움의 기회가 된다.

전국 17개 시도에서 운영하는 평생교육원도 공부하기 좋은 곳이다. 나이와 상관없이 여러 가지 주제를 배울 수 있고 재취업이 가능한 자격증 과정도 있다. 사이버 평생교육원도 있는데, 학점은행제로 학위과정이 가능하다. 다양한 분야의 사이버 평생교육원이 있으며, 저렴한 비용으로 자격증에 도전할 수 있다. 이제 기회가 없어서 배우지 못한다는 말은 통하지 않게 되었다. 의지만 있으면 어디든지 도전해서 기회를 잡을 수 있다. 디지털의 힘이 크다.

> **❝**
> **나만의 학습 동기화 발전기를 작동하자.**

공부를 오랫동안 할 수 있도록 버텨내는 힘을 학습 동기라고 한다. 무엇을 왜 공부해야 하는지 자신을 다독여서 목표까지 완주하는 에너지를 의미한다. 학교 교실의 선생님과 친구들이 서로 얼굴을 마주하는 수업에서는 상호소통을 하면서 잘하고 싶은 학습 동기가 만들어진다. 선생님이 한 학생을 칭찬하면 수동적이던 옆 학생이 갑자기 능동적으로 바뀐다. 이것을 외적 동기라 한다. 칭찬, 보상, 선물 같은 외적 동기는 나중에 스스로 발전기를 돌리는 내적 동기의 연료가 되기도 한다.

나 혼자 주도적으로 학습할 때 학습 목표량을 달성하는 것은 생각보다 어렵다. 두 가지의 주원인은 달성할 목표가 너무 높거나, 도달할 개인의 의지가 박약하기 때문이다. 고치는 방법은 목표를 다시 조금 낮게 잡고 본인의 의지를 재확인해야 한다. 내가 정말 원하는 일인가. 꾸준히 학습할 열정이 충분한가. 열정과 의지가 낮다면 자신을 돌아본 후에 학습 계획을 다시 세우기를 추천한다. 내적 동기가 준비되지 않으면 시간과 에너지 낭비가 된다. 그리고 작은 성공을 일부러 만들어서라도 자신감을 쌓아야 한다.

현재의 학습 동기를 유지하거나 높이려면 자신의 목표량을 약간 높게 잡는 것도 좋은 방법이다. 조금 벅차겠지만 며칠이라도 도전하면서 자신의 자기 주도적인 학습 능력을 검증해 보는 것이다. 며칠 동안 91-92쪽에서 설명한 학습 활동지와 성찰지 기록을 통해 본인 능력이 올라간 것을 눈으로 확인할 수 있다. 이때 자신감의 내적 동기는 기막히게 높이 올라가게 된다. 잘나가는 전문가들의 자신만만한 모습은 이렇게 형성되는 것이다.

> **나에게 스스로 수여하는 보상이 필요하다.**

디지털에서 혼자 학습할 때 동기를 죽 지속시키는 방법은 무엇일까. 우선 목표에 80% 달성하면 자신에게 주는 보상을 추천한다. 학점으로 치면 B 학점이니 수고한 보람이 있어야 한다. 물론 90% 이상 달성이면 A 학점이라 큰 보상을 마련하면 동기가 더욱 샘솟는다. 맛있는 디저트, 갖고 싶었던 작은 물건 등 의미를 부여하면서 선택한다. 본인 돈으로 지출해도 만족도는 높을뿐더러 오래 지속된다. 쓸데없이 낭비한 것이 아닌 의미와 가치가 있는 지출을 했기 때문이다.

다음으로 멘토가 있으면 더욱 도움이 된다. 멘토는 일단 신뢰할 정도의 지식과 경험을 가진 믿고 의지할 수 있는 대상이다. 가까운 가족도 좋지만, 외부에서 멘토를 선택하면 객관적인 의견 교환이 가능하다. 평소에 존경하던 선생님, 좋은 선배나 지인의 소개를 받아서 멘토가 되어 달라고 부탁해야 한다. 가만히 있으면 아무 일도 일어나지 않듯이, 여기저기 수소문해 보면 자신이 도움받을 수 있는 멘토를 구할 수 있다. 멘토를 통해 격려와 칭찬, 피드백을 받으면 내적 동기가 강화된다. 꾸준하게 지속하면 평생 도전할 수 있는 큰 에너지가 된다.

중년이나 노년의 학습자들은 자신이 선생님이자 학생이고 멘토가 되어도 좋다. 나이가 있어서 주변에서 자신을 격려해 주고 도와주는 멘토를 구하기 어렵다면 자구책을 마련하는 것이다. 명상이나 자아 성찰을 통해 자신이 무엇을 잘하고 못했는지, 어떤 보상을 주면 자신에게 힘이 생기는지 곰곰이 생각하면 솔루션이 나온다. 조용한 카페에서 자신에게 최고의 디저트를 서비스하고 자신에 대한 성찰지 작성해 보기를 다시 추천한다. 의외로 유용한 것을 수확할 수 있다. 중년의 학습자는 자신이 살아온 인생을 반추해서 새로운 계획을 세우는 부수입도 얻을 수 있다.

PART 4 진로와 경력 개발 방법의 전환

03
경력은 평생 쌓는 레고 블록 게임

> **수학처럼 경력 개발도 오답 처리가 핵심 요소다.**

우리나라 중고등학교 학생들의 수학 실력은 OECD 국가 중 최상위 그룹이다. 하지만 상위 그룹과 하위그룹의 편차는 크다. 대학 신입생들이 교양과목으로 수학이나 과학 분야를 수강하는 학생들은 많지 않다. 대학생들에게 피하고 싶은 교과목을 물어보면 첫 번째가 수학이다. 왜 싫은지 이유가 분명한 학생보다 그냥 싫은 학생이 더 많다. 그렇다면 수학 실력이 좋은 상위그룹의 개별 학생들이 과연 수학에 대한 자신감이 높은지는 궁금하다.

수학이 전공인 예비 교사들에게 수학을 포기한 중학생들을 어떻게 가르칠 것인가 물어보면 재미있게 가르쳐서 수학 과목을 좋아하게 만들어야 한다고 답한다. 교생실습을 마친 후에 다시 물어보면 수학을 그렇게 싫어하는지 몰랐다는 대답과 수학을 정말 재미있게 가르쳐야 하겠다는 다짐을 한다. 아마 중학생들이 수학 문제에서 오답을 정리해서 같은 실수를 반복하지 않는 '오답 처리'를 통해 다음 단계로 발전하는 성취감을 느꼈다면, 수학이 그렇게 싫지는 않았을 것이다. 노력한 성과가 눈앞에 보일 때 자신감과 성취감은 높아진다.

디지털 학습은 자칫 샛길로 빠지기 쉬운 학습유형이다. 30분 단위로 자신에게 오류가 생겼는지 확인해보면 매우 효과적이라고 이 책에서 이미 권장했다. 혼자서 공부할 때 알람을 맞추어 놓고 진행 상태를 확인하면, 학습 과정에서 만족감을 높일 수 있다. 청소년기에 오답 처리하는 좋은 습관이 들면 성인이 되어서도 경력 개발을 위해 자기 주도 학습할 때 유리한 이점을 가지게 된다. 인생 전체를 통한 여러 문제해결도 수학처럼 오답 처리가 잘 안되면 난관에 많이 부딪히게 되는 것이다.

대학에서 학위만 받은 후에 전공 분야를 바꾸거나, 사회에 나와서 직장을 다니다가 다른 직종으로 전환하는 경우가 있다. 가지 않은 길에 대한 꿈과 소망을 더 나이 들기 전에 도전하고 싶은 것이다. 이 경우 인터넷에서 관련 정보와 경험담을 먼저 충분히 분석해 보고 자신에게 맞는 것인지 컨설팅을 구해보는 것을 추천한다. 대학이라면 전문 분야 교수님을 찾아가고, 직장인이라면 해당 분야 전문가에게 컨설팅을 요청해 본다. 약간의 비용이 들어도 나중에 후회하거나 다시 돌아가는 경우보다는 낫다. 자신의 오답은 빨리 처리하는 것이 현명한 것이다.

> **취업 이후에도 경력 개발은 계속된다.**

여성가족부와 통계청의 '2021 청소년 통계'에 따르면 초·중·고 학생 89%는 '대학 이상'의 교육받기를 원했다. 대학에 가고 싶은 이유로는 '좋은 직업을 갖기 위해'라는 응답(56.2%)이 가장 높았다. 막상 대학에 진학해서는 진로와 직업 선택에서 심각한 고민을 시작한다. 대학 졸업자 10명 중 7명이 본인의 전공을 후회한다는 설문 결과도 있다.

취업에 성공한 사람들은 직장에 만족할까. 잡코리아에서 실시한 직장인 500명 대상으로 한 최근 조사에서 직장을 이직하고자 결심한 이유 중 두 번째가 자신의 경력향상을 위해서라고 답했다. 물론 첫 번째는 연봉이나 처우에 대한 불만이었다. 전문 분야에서 고부가 가치 목표를 성취하고자 하는 것이 직장인의 당연한 희망 사항이다. 이렇게 사람은 평생을 살면서 계속해서 진로를 개척하고 경력을 쌓아가게 된다.

기혼 직장인이 육아를 위해 혹은 다른 분야에 도전하고자 일시적으로 경력을 단절하는 것은 대단하다. 경력 단절 여성이 육아와 병행하면서 원격 대학의 자격증 과정에 도전해서 재취업을 달성한 우수사례는 많은 사람에게 용기를 준다. 직장에서 정년퇴직 후에 사이버대학에서 2년을 공부하고 자격증을 취득해 재취업한 60대 시니어도 있었다.

과거에는 여성이 일정 나이가 되면 집안에서 조용히 지내거나 육아를 담당하세 되면서 경력이 단절되는 것이 당연하다고 여겼지만, 현재 이 관습은 깨진 지 오래되었다. 배우고 도전할 기회는 많다. 도전할 용기와 약간의 자신감이 필요할 뿐이다. 또한 청소년기에 여러 가지 이유로 학교 밖에서 생활하게 되어 의무교육이 중단된 학생들도 기회가 있다. 방송통신중학교, 방송통신고등학교를 통해 의무교육을 이수할 수 있다. 국가평생교육진흥원은 검정고시 준비를 위한 정보를 제공하고, 17개 시도별로 검정고시 준비를 지원하는 기관들을 알려준다.

구직 중인 젊은 세대들은 앞으로 다루는 분야와 직업의 개수가 여럿일 수 있다. 정규직보다 계약직이 많고, 직업의 종류도 계속 늘어나기 때문에 새 분야를 배우는 것은 일상일 것이다. 디지털 기술의 힘으로 시공간의 제약을 벗어나고 저렴한 비용으로 도전할 기회는 많을 것이다. 다만 지치지 않고 끈기 있게 앞으로 나가는 자신감을 스스로 작동시켜야 한다.

> **경력 개발도
> 레고 블록처럼
> 합체가 원리이다.**

좋은 학력과 경력을 개발해 화려한 전문가 생활을 하던 분들이 중년을 넘어서 꿈의 실현을 위해 전혀 다른 직종으로 변경한 경우를 종종 목격한다. 결론은 꽝을 뽑았다고 감히 말하고 싶다. 경력은 서로 연결되어야 의미가 있다. 물론 취미로 재미 삼아 공부하고 놀면서 배운다면 굳이 토를 달고 싶지 않다. 그런데 새로운 직종으로 바꾸어서 경제적 이득을 보겠다면 얘기가 달라진다.

대기업을 다니다가 40대 초에 그만두고 컨설팅 사업을 시작한 전문가 2명이 있었다. 한 명은 퇴직 전에 야간 전문대학원을 다니면서 학위를 받았고, 다른 한 명은 회사에서 퇴직하고 3달 만에 사업을 오픈했다. 두 명 모두 처음에 부침이 있어서 매출이 크게 오르지 않았다. 몇 년이 지난 후에 학위가 있고 외부의 네트워크를 열심히 구축했던 한 명은 성공

했지만, 다른 한 명은 사업을 접었다. 또 다른 특징은 한 명은 조곤조곤 말하는 것을 정말 즐기는 분이었고, 다른 한 명은 말보다 문서 작업이 수월한 분이었다. 컨설팅은 말을 잘하는 사람이 살아남을 수 있는 직종이다.

디지털 전환의 시대에는 다양한 직종의 사람들에게 어떤 경력과 적성이 요구되는지 충분히 찾아볼 수 있다. 정보 수집력과 분석력이 경력 개발에 앞서야 한다. 커리큘럼을 구성하듯이, 자신의 경력 개발을 위해 차곡차곡 기본부터 심화까지 지식과 경험의 단계를 재구성해야 한다. 교사들이 수업 시 가장 큰 고민은 교육과정 재구성이라고 말한 바 있다. 경력 개발에서도 지식의 재구성이 필요하다. 그런데 각 지식은 레고 블록처럼 모두 합쳤을 때 아름답게 맞아떨어질 수 있어야 한다.

PART 4 진로와 경력 개발 방법의 전환

04
지장(智將)과 덕장(德將), 더 중요한 것

> **정서적 인성 가꾸기가 지식 쌓기보다 먼저다.**

교육학에서는 지식과 경험을 쌓아가는 인지적 영역의 능력 향상과 인성이나 사회성을 연마하는 정의적 영역의 중요성을 강조한다. 쉽게 말해, 인지적 영역은 공부를 잘해서 시험을 잘 보는 능력이고 정의적 영역은 친밀감, 공감, 소통 능력 등 인성과 사회성을 가꾸는 능력이다.

사회생활에서 더 많이 활용되는 능력을 꼽아보라면 인성과 사회성이다. AI 사회로 접어들어 사람들과 어우러져 잘 지내는 인성과 사회성은 더욱 중요해졌다. 이유는 간단하다. 지식과 정보는 디지털을 통해 얼마든지 얻을 수 있지만 따듯하고 가까이 가고 싶은 사람은 하루아침에 뚝딱 만들어지기 어렵기 때문이다. 오랜 기간 연습이 필요한 영역이다.

취업 면접관으로 가면 대략 두 가지를 중점으로 면접 대상자를 분석하게 된다. 하나는 무엇을 할 수 있는지의 전문 능력에 대한 것이다. 대상자의 경력을 체크하고 구두로 간단히 업무 내용을 질문한다. 다른 하나는 주변 사람들과 잘 협력할 수 있는지 인간성과 사회성을 찬찬히 살펴보게 된다. 무엇이 우선이냐 하면 협력할 수 있는 인간성이 앞선다. 조직에서 업무 능력은 주변에서 도와주고 길러주면 가능한데, 훌륭한 인성과 사회성은 가르치고 지도해도 성공률이 낮다. 취업을 준비하는 사람들이 곰곰이 생각해 봐야 할 사항이다.

함께 모여서 일하는 업무 중심 조직은 업종과 소재지에 관계없이 혼자서 잘난 인재를 크게 달가워하지 않는다. 조직의 성과는 혼자보다 협력했을 때 최대치가 나온다는 것은 진리이다. 혼자서 잘하면 성과가 나오는 업종과 업무를 찾기는 쉽지 않다. 가장 작은 조직인 가정도 구성원들이 모두 합심해서 같은 방향으로 노력했을 때 최고의 성과를 기대할 수 있다.

사람들이 선호하는 인간성을 훈련하고 연마하는 가장 기초적인 조직은 가정이다. 학교에 입학하는 나이에는 이미 기본적인 인성이 어느 정도 만들어져 있다. 학교에 와서 좋은 사회성으로 갈고 닦을 수 있지만, 한계가 분명하다. 인성과 사회성의 근본은 가정 교육에 뿌리를 두고 있다. 부모가 되기 전에 이런 부분에 대한 교육이 절대적으로 필요하지만, 학교 교육에서는 현실적으로 마땅치 않다.

성숙기로 접어드는 디지털 시대에 출산을 앞둔 예비 부모들에게는 부모 교육 관련 디지털 콘텐츠 제작을 통해 예비 부모들이 학습하고 계몽되면 좋겠다. 원초적인 조직 생활이 되는 가정에서 여러 가지 기본 능력을 갖추어야 나중에 사회적 비용이 줄어들게 된다. 인구 감소에 전전긍긍하기에 앞서, 밀도 높은 인재 양성이 가정 교육에서부터 시작되기를 기대해 본다.

> **경력 개발에 앞서 자신의 강점을 분석하자.**

디지털에서는 상대방과 무관하게 나만 생각하고 나의 행동을 결정할 수 있다. 내가 필요하면 인터넷에 들어갔다가 필요 없을 때 나가면 된다. 이런 현상을 대면과 비대면 활동에 따라 구분하지 못하면, 협력이 필수인 조직 활동에서 커다란 장애 요인이 된다. 2020년부터 몇 년을 원격수업으로 보낸 코로나 시점 이후의 대학생들을 관찰하면 수업 태도와 행동에서 코로나 이전 세대들과 차이가 난다. 수업 시간에 소극적이고, 의사 표현을 구두로 하기 힘들어하는 모습을 관찰할 수 있다.

요즘 대학생들을 살펴보면, 중고교에서 원격수업을 많이 한 1, 2학년 대학생들이 대학에 와서 원격수업을 많이 했던 3, 4학년 대학생들보다 수업 집중도가 낮은 것을 종종 발견한다. 이들은 수업 시간에 노트북이나 탭과 핸드폰을 동시에 왔다 갔다 하면서 공부한다. 가까이 가보면 노트북이나 탭은 수업과 관계없는 엉뚱한 플랫폼에 들어가 있고, 핸드폰에서는 문자로 대화 중인 학생을 종종 발견한다. 당연히 몰입도가 떨어지고 학습 결과는 기대하기 어렵다. 이런 현상이 오래 축적되면 취업해도 조직 생활에서 어려움이 많아진다. 업무 성과는 집중해야 나오기 때문이다.

교육공무원 1차 임용시험을 통과하고 2차 발표 시험을 준비하는 대학생들에게 자신의 장단점을 물어보면 잘 모른다. 발표와 면접시험에서는 자신의 모든 면을 보여주기 때문에 스스로 장단점을 잘 파악하고 있어야 한다. 자신의 학습 결과에 대한 성찰의 경험이 몇 번이라도 있으면 이 부분은 개선될 수 있다. 원만한 사회생활을 하기 위해서는 자신의 성격, 성향, 사회성의 장단점을 파악하고 있는 것이 유리해진다.

참고로 MBTI(Myers Briggs Type Indicator) 같은 검사를 통해 본인의 성향을 파악할 수도 있고, 가족들을 관찰해 타고난 성격의 특성 또는 성향을 파악하는 것도 좋은 방법이다. 자신의 인내심, 성실도, 배려심, 경청, 봉사정신 등 스스로 성찰해 보면 자신을 잘 알게 된다. 부족한 부분은 어떻게 하면 보완을 할 수 있는지 인터넷에서 좋은 방법이나 지식을 찾아보고 반복해서 연습하면 분명히 개선된다.

좋은 사례를 하나 살펴보자. 지금은 현직 중학교 교사인데, 예비 교사 시절 자신의 목소리 톤이 너무 높아서 아무리 설명을 잘해도 교사의 수업 전달 능력이 반감될 수 있는 학생이 있었다. 오랫동안 연습한 결과 톤이 낮아진 실제 사례를 목격했다. 어느 정도 유전적인 목소리 같았는데 그것을 보완하는 것을 보면서 자신을 잘 알고 준비하는 사람은 타고난 단점도 극복할 수 있다는 것을 알게 되었다.

> **진짜 전문가는 따뜻한 지성인이다.**

기자 출신의 자기 계발서 유명 작가인 말콤 글래드웰은 『아웃라이어』라는 책에서 전문가 반열에 오르기 위해서는 만 시간의 법칙을 설명한다. 어느 분야이든 만 시간을 투자하면 어느 정도 수준에 오른다는 내용이다. 하루 5시간씩 한 분야를 집중해서 공부하면 2,000일이 필요한데, 하루도 쉬지 않고 공부하면 약 5.5년이 걸린다. 오랜 시간 견디면서 노력해야 전문가 반열에 오는 다는 말일 것이다.

그런데, 최근 들어 AI 기술이 사회에 폭넓게 적용되면서 만 시간의 법칙은 훨씬 단축될 수 있다. 교육학의 관점에서 학습 과정을 한번 살펴보자. 일반적으로는 지식의 기본 개념을 먼저 외우고, 다음 단계의 심화 내용으로 통합하는 과정을 거친다. 이어서 사고력, 즉 학습한 지식을 분석해서 현장에 적용하고 그다음 관련 지식을 종합하는 판단 능력까지 올리게 된다. Chat GPT를 활용하면 이런 긴 과정의 지식축적 시간이 확연히 줄어든다. 기본 지식 형성 단계는 디지털을 이용하고, 상위단계인 종합분석력과 창의력을 학생들이 집중해서 연습하면 고차원적 사고력이 생길 수 있는 것이다.

기존의 초등학교와 중고등학교 수업에서는 새로운 개념을 배운 다음에 외워서 시험 보기에 많은 시간을 소비했었다. 학생 수가 많았던 1970년대 이후 우리나라 7차 교육과정까지 학교 수업은 개념을 외워서 시험 보는 수업 활동이 주를 이루었다. 2007년 이후 창의성을 강조하면서 많은 변화가 이루어졌는데, 2022 개정 교육과정에서는 AI 사회를 대비한 정보 교육에 중점을 둔다. 고교의 수업도 대학처럼 학점제로 운영되는 제도를 앞두고 있다. 미래형 교육과정의 핵심도 지식의 활용성과 사회 공동체 안에서 협력하는 데 중점을 둔다.

앞으로 지식은 무엇을 알고 있는지보다, 어떻게 활용할 것인가가 더욱 중요하다. 활용 방법을 알기 위해서는 배운 지식을 실제 상황에서 경험 혹은 체험하는 것이 핵심이다. 하지만 배운 모든 지식을 직접 경험하기 어려우므로 디지털 자료나 동영상 등 간접 경험을 하고 더 나아가 가능하면 메타버스로 불리는 가상현실을 통해 좀 더 밀도 높은 간접 경험을 하는 것이다.

이렇게 지식은 디지털의 힘을 빌릴 수 있다고 하지만 사람의 인간성과 사회성은 디지털에서 빌려올 수가 없다. 만약 AI 페이크 사람이나 아바타를 앞세운 메타버스를 활용한다고 하면 전혀 다른 얘기가 되지만, 어디까지나 이것은 실제 상황은 아니다. 가정, 학교, 직장에서의 공동체 생활은 현실 그 자체다. 인간성을 갈고 닦는 시간이 오래 걸린다는 사실을 직시하면 훌륭한 인간성과 사회성을 기르는 데 중점을 두어야 한다. 진정한 전문가는 전문성과 인간성의 양면이 완비된 따뜻한 사람이다.

PART 4 진로와 경력 개발 방법의 전환

05
디지털 시대의 소통과 공감 능력

대답보다 질문이 더 중요하다.

우리가 익히 알고 있는 학교의 존재가치로 다시 돌아가 보자. 유치원부터 대학까지, 선생님들은 수업마다 학생들 머릿속에 지식을 꽉꽉 채워줘야 한다고 생각한다. 이것은 교사들이 오랜 시간 교육받고 연수받은 내용을 실천하는 것임으로 당연한 일이다. 그런데 지식도 과하게 머릿속에 들어오면 넘쳐흐를 수 있다는 것을 알아야 한다. 다른 말로 소화 흡수가 안 되는 것이다.

만약, 교사가 학생들에게 질문만 던지고 숙제만 내준다고 하면 교사는 학부모들에게 어떤 평판을 받게 될까. 아마 게으른 교사라고 소문낼 것이다. 교사들의 특성은 무엇이든 시시콜콜 자세하게 설명할 수 있는 직종의 사람들이다. 그리고 그것이 교사의 전문성으로 인식된다. 디지털 시대에는 이것을 좀 다르게 생각해야 한다.

공부를 잘하는 것이란 머릿속에 지식을 잘 쌓아두었다가 필요할 때 빨리 꺼내는 것이라고 일반적으로 생각한다. 똑똑한 학생들은 배운 지식의 순서를 잘 맞추어 외우고 또 외우는 반복 학습에 익숙하다. 이것을 교육학에서 전문 용어로 간섭(interfere)을 피한다고 하는데, 과거에 배운 내용과 지금 배운 비슷한 내용끼리 충돌을 피한다는 의미다. 예를 들어, 이사했을 때 이전 주소와 새 주소 사이에서 혼동이 일어나는 경우이다. 반복을 지속해서 간섭을 소멸시킬 수 있다. 그런데 세상이 바뀌어서 이제 외울 필요가 없다. 스마트폰에 저장하면 된다.

우리는 해외 유수의 대학에서 학생들이 수업 시간에 날카로운 질문을 던지는 모습을 본다. 가르치는 교수님들이 성의껏 대답하는 모습도 함께 볼 수 있다. 정답이나 대답은 찾을 수 있지만, 질문은 만드는 것이다. 창의력의 바탕이 무엇인지 바로 알 수 있다. 궁금한 것을 시리즈로 질문을 하다 보면 새로운 아이디어를 발견할 수 있는데, 이것이 창의력의 시작이다.

Chat GPT를 사용하는 사람들은 어떤 키워드로 질문할 것인지 미리 고민해야 한다. 질문할 문장을 만드는 문장력과 GPT가 제공한 문장을 이해하고 답을 찾도록 정확한 어휘를 사용하는 문해력이 핵심이다. 어떤 단어를 입력했는지에 따라 전혀 다른 정보가 나온다. 이것은 문어체 중심의 문해력이 간과될 수 있는 디지털 시대의 아이러니라고 할 수 있다.

인쇄가 가능한 활자 중심의 문어체보다 구어체 또는 이미지 중심 정보에 익숙한 MZ 세대나 알파 세대들이 분명히 기억해야 할 것이 있다. 핵심은 어휘력이고 능력은 문장력이다. 자신의 진로와 사회생활에 중요한 경쟁력이 언어 표현력과 문해력이라는 의미다.

> **행동은 생각의 결과다.**

이미 살펴본 것처럼 학교 교육의 궁극적인 목표는 '혼자서 합리적으로 생각하고 행동하는 사람으로 길러내기'이다. 여기서 합리적이란 의미는 국어사전에 보면 '사물을 논리적으로 파악해 계획적으로 행동하는 것'이라고 한다. 올바른 행동은 합리적인 생각의 결과이고, 교육은 생각하는 힘을 길러주는 것이다. 결국 생각하는 힘이 행동을 좌우하고 행동의 결과는 세상을 살아가는 경쟁력이 된다.

교육학에서는 사람에게서 동물적인 본성을 잠재우고 공동체 안에서 질서를 유지할 수 있도록 오랜 시간 교육이 필요하다고 한다. 죽을 때까지 배우면서 스스로 노력하지 않으면 사람은 언제든지 동물처럼 본능적으로 행동할 수 있다는 의미이다. 매일 발생하는 사건 사고들은 사람들이 생각하는 이성의 힘을 잠시 잊고, 동물의 본성을 꺼냈기 때문이다. 건강한 공동체를 위해 사람다운 행동, 그에 앞서 생각하는 힘이 강력해야 한다.

상대와 소통을 잘한다는 것은 상대의 마음을 잘 읽어내는 것이다. 상대가 무슨 생각을 하는지 파악하고, 이어서 자신이 상대의 어떤 부분에 공감하고 행동할지 결정해야 한다. 우리 두뇌 속에서 생각과 행동은 순간적으로 이어지므로 단계별로 쪼개보기는 매우 어렵다. 연습을 통해 순식간에 이루어지는 생각의 과정을 합리적이고 체계적으로 만들 수 있다. 문제를 해결하는 능력은 이런 사고 과정을 단계적으로 체계화시키는 연습 과정을 통해서 향상된다.

디지털 위주로 생활하는 시대에 보충해야 하는 부분이 바로 이런 생각과 행동의 과정을 자주 돌아보는 성찰의 단계다. 본인 생각과 행동이 주변에 피해를 주는지 상대방에게 부정적인 영향을 미치는지 분석해야 한다. 주변 사람들에게 피드백을 받고 개선해서 올바르게 행동해야 한다. 특히 인터넷 게임에 많이 노출된 사람일수록 이 부분을 강력하게 추천한다.

> **공감 능력은 표정도 포함한다.**

공감 능력이 좋다는 것은 상대의 말을 경청하는 능력, 이해하는 능력, 종합 판단하는 능력 등 모든 부문에 우수하다는 의미다. 상대방과 대화 시 공감을 잘하는 사람은 인성과 사회성이 좋은 사람이다. 상대의 대화 내용을 일단 부정하고 들어가는 사람과 수긍하고 반응하는 사람은 이후의 인간관계가 매우 달라진다. 그렇다고 불순한 의도가 있는 인터넷이나 전화 범죄에 해당하는 불법적인 대화에 공감하라는 의미는 아니다. 가짜정보는 경계의 대상이다.

생각을 깊게 하는 습관은 상대방과의 공감 능력을 키워준다. 책을 읽으면서 작가의 의도를 파악하려 노력해 보면 상대방의 감정을 읽는 능력도 향상된다. 표현력과 공감 능력이 좋은 학생에게 물어보면 책과 친하게 지낸 경우가 많다.

공감 능력을 키우는 것은 대화 능력 외에 표정과 몸짓 등의 제스처에서 나타나기도 한다. 여러 민족과 각기 다른 문화가 혼재된 이민 국가인 미국

같은 나라는 상대방에게 공감을 잘한다. 상대방의 배경을 잘 모르면서 부정적인 시각을 가지고 무조건 비평할 수 없어서이다. 반면, 우리나라는 단일민족이고 오랫동안 동일 문화권으로 생활했다. 상대방을 잘 안다고 착각해서 오히려 더 비판적이고 쉽게 공감하지 않을 때가 많다. 오랫동안 사람들이 상대방을 다르다는 생각보다는 틀렸다는 생각을 많이 하고 성장했다.

디지털 콘텐츠의 확산은 공감 능력의 변화도 가져온다. 다른 국가의 언어, 문화, 음식, 습관이 동영상 자료를 통해 널리 퍼지다 보니 다른 인종, 문화, 종교에 대해 비판적이던 시각이 달라졌다. 잘 모르면서 부정하고 비판하던 생각과 행동이 서서히 줄어들게 되었다. 최근 동남아시아, 아프리카 국가에서 유학 온 외국인 학생들은 우리나라 대학 생활 적응이 생각보다 수월하다고 한다. 우리 대학생들과 외국인 학생 상호 간에 공감 능력도 높아지고, 비언어적인 공동의 제스처에도 익숙해져서이다. 다문화 인식이 커지면서 틀린 것이 아니라, 다르다고 생각하게 되었다. 옳고 그름을 따지기에 앞서 상대의 상황을 인정하고 수긍하면 부드러운 표정을 보여줄 수 있다. 당연히 상대와 원활한 소통이 가능해진다.

5장
디지털로 즐거운 평생 학습

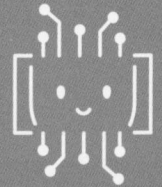

01. 내가 평생 공부해야 하는 이유
02. 세대별로 반드시 공부해야 할 것들
03. 디지털 학습과 취업 및 재취업
04. 디지털로 놀듯이 평생 공부하기
05. 나를 위한 맞춤형 디지털 교과목 만들기

PART 5 디지털로 즐거운 평생 학습

01
내가 평생 공부해야 하는 이유

**주변 환경이
사람을 길러낸다.**

스위스 심리학자 피아제(Jean Piaget, 1896~1980)에 따르면 사람은 태어나서부터 주변 환경을 통해 배운다고 한다. 어린아이가 어떤 환경에 놓여 있느냐에 따라 자극이 달라지니 0세인 태교부터 조심하라는 관습은 동서양이 같다. 사람은 평생을 걸쳐 주변 환경에서 자극과 동기를 얻고, 이를 통해 몸과 마음에 환경과의 동화와 조절을 거쳐 인지 기능을 발달시킨다.

만약, 어떤 사람이 사회 변화에 대한 자극을 전혀 받지 못한 상태에서 갑자기 사회 구성원으로 등장하면 주변 환경에 적응 못 하는 문제가 생기게 된다. 오래전 정글에 버려져 늑대와 자라난 늑대 소년의 이야기가 이런 경우이다. 정글에서 발견되어 사람 사는 세상으로 나왔지만 끝내 적응하지 못했다. 은둔형 외톨이(일본어로 히키코모리)가 되어 평범한 사회생활을 하지 못하고 사람들과 섞이지 못하는 사람들이 있다. 은둔형 외톨이들의 특성을 분석해 보면 표준에서 벗어난 가정에서 양육되었거나, 성장 과정에서의 반사회적 성향 등 주변 환경에서 문제의 원인을 찾을 수 있다.

직장생활을 오래 하다 보면 사회가 어떻게 변하고 있는지 둔감해진다. 하루하루 직장에서 일상을 메꾸다 보니 나날이 변화하는 사회에 본인이 알아서 적응해야 한다는 당위성을 갖지 못한다. 쉬운 예로, 전통시장에서 상인들 대상의 디지털 마케팅과 상품홍보에 대한 연수 과정을 관찰하면, 상인들의 학습 속도가 예상보다 매우 느린 것을 발견하게 된다.

사람이 직종과 업무에 따라 새로운 내용에 대한 학습 속도가 다른 것은 당연하지만, 주변 사람들이 열심히 학습하는 분위기인지 아닌지에 따라 이 또한 영향을 받는다. 무엇을 배우고 나면 잘했다고 생각하지만, 그 과정은 힘들고 어렵다. 나이가 많을수록 더하다. 그런데 어찌하랴. 인공지능의 세상으로 바뀌고 있으니 배울 것은 점차 많아진다. 더 늦기 전에 평생 공부하며 살겠다고 작정하는 것이 마음 편한 일이다.

> **디지털 문해력은 모든 세대에게 중요하다.**

이 책의 앞부분에서 한글뿐 아니라 디지털 문해력의 중요성을 이미 언급했다. 교육의 기회를 놓쳐서 한글을 배우지 못한 지방 소도시의 한글 대학 시니어를 대상으로 설문을 통해, 글을 깨치면 가장 먼저 무엇을 하고 싶은지 물어봤다. 내 손으로 인터넷 은행 업무 보기, 자녀와 손주들에게 스마트폰으로 문자와 영상 편지 보내기를 꼽았다. 이 시니어들에게 올바른 한글 문법이니 받침은 중요한 것이 아니었다. 디지털로 소통을 할 수 있고 사회 구성원으로 살아갈 수 있다는 자신감이 핵심이었다.

디지털은 좋은 소통 도구이다. 나이와 전혀 상관이 없다. 최근의 문해력은 단순히 글을 읽고 쓰기만 하는 것뿐 아니라, 디지털로 정보를 교환하고 창조하는 능력을 포함한다. 예전에는 단순히 글을 읽고 쓰는 언어 문해력이 기본이었지만, 최근에는 디지털 리터러시 안에서 글자를 읽고 이해하는 문해력과 독해력으로 전환되는 시대가 되었다. 모래나 잔디가 깔린 운동장이 아니라, 디지털 운동장, 디지털 학교에서 학생들이 공부하고 뛰어노는 세상이 되었다.

디지털 바탕에서 공부하고 취업으로 연결하려면 수직적 그리고 수평적인 학습전략을 고려해야 한다. 수직적 체계성은 주제별로 깊이 있게 공부하는 것인데, '왜' 그럴까 하는 질문을 스스로 던지면서 깊이 있게 관련 정보를 찾아서 그 내용을 계속 파고드는 것이다. 기억 재생을 도와줄 핵심 키워드 복습 노트를 만들어 내용을 정리하면서 공부하면 효과적이다. 종이 노트도 좋지만, 스마트폰이나 노트북 컴퓨터에 만들면 된다.

수평적 연계성은 관련 지식을 두루 넓게 아는 것을 의미한다. 직업의 세계는 다양한 사람과 여러 능력이 요구되는 곳이다. 지식도 필요하고 사람을 상대하는 공감 능력과 인성, 그리고 말로 설득하고 행동으로 표현하는 능력이 모두 동원된다. 대학에서 전공 분야를 우수한 성적으로 마치고 좋은 직장에 취업해도 실제 업무 환경은 혼자서 해결하기 어려운 과제가 쌓여 있다.

문제나 과제를 해결하기 위해서는 업무의 전문 지식과 경험뿐 아니라 자기관리 능력, 소통과 협상 능력, 실전 노하우, 러더쉽, 공감 능력 등 여러 가지가 요구된다. 모르는 것을 스스로 배워가면서 전문가로 성장하려면 디지털의 힘을 이용하는 것이 가장 빠르다. 본인에게 새로운 업무가 부여되어 공부가 필요할 때 자기 주도적인 학습 방법을 알고 있으면, 업무 스트레스는 반감된다. 또한 도움을 받을 수 있는 멘토가 있으면 더욱 안심되고, 자기 주도적인 학습을 연습한 경험이 많으면 더욱 큰 도움이 된다.

> **사회교육의 기회는 평등하다.**

인간에게 필요한 교육을 제공하는 조직으로 가정, 학교, 사회를 꼽을 수 있다. 가정 교육과 학교 교육은 성인으로 성장하고 나면 기능이 어느 정도 종료되거나 변모된다. 학교 교육은 일정 기간에 걸쳐 받게 되고, 가정 교육은 수혜자인 자녀가 성인이 되면 부모인 공급자로 바뀌게 된다. 사회교육 측면에서는 사회생활을 하는 동안 자의나 타의로 직장이나 관여하는 공동체에서 교육이 지속된다. 취업, 재취업 교육, 자기 주도 학습, 평생교육, 지역사회교육이라고 명명되는 여러 종류의 교육 과정이 사회교육의 범주에 속한다.

사회교육은 사회에서 생활하는 동안 학습할 필요가 있는 분야를 필요한 시점에 맞추어 자의 또는 타의로 공부하는 것이다. 초등학교부터 고교

졸업까지 12년과 대학 4년을 합쳐서 16년의 학습 경력을 평생 활용하기에는 분명한 한계가 있다. 새로 알아야 할 지식과 경험이 많아져서 스스로 노력하지 않으면 어느 순간 사회 변화에 뒤떨어지는 구식이 되어버린다.

직장을 다니다 보면 다른 영역의 지식과 기술이 필요하고, 때에 따라 재취업을 위해 새로운 분야를 배워야 한다. 특정한 학위 없이 자격증이 필요하면 시간과 비용을 절약하면서 배울 기회가 많다. 국가평생교육진흥원(*https://www.nile.or.kr/index.do*)에 접속하면 평생교육바우처, 평생학습계좌제, 학점은행제, 독학학위제, 온라인 공개강좌(K-MOOC), 성인문해교육, 검정고시 지원, 학부모자녀교육 지원, 다문화교육 지원 등 여러 서비스를 무료 또는 저렴한 비용으로 지원받을 수 있다.

2023년 기준 전국에는 21개의 사립 사이버 대학에 약 12만 명, 국립한국방송통신대학교(*https://www.knou.ac.kr/knou/index.do?epTicket=LOG*)에 약 10만 명의 재학생이 있다. 직장인, 주부, 퇴직자 등 다양한 경력의 성인 학습자들이 다양한 목적으로 여러 분야를 공부한다. 이 외에 온라인은 아니지만, 고교졸업 이상이면 누구나 진학이 가능한 한국폴리텍대학교(*https://www.kopo.ac.kr/index.do*)가 전국 6개 권역 34개 캠퍼스에서 운영되고 있다. 학비는 무료이다. 선택지가 넓어서 본인 상황에 맞게 공부할 기회가 충분하다.

02
세대별로 반드시 공부해야 할 것들

**1020 세대
학생은 학교가 무급
직장이다.**

초등학교 교사를 양성하는 교육대학과 중고교 교사를 길러내는 사범대학은 두 가지 영역을 교육한다. 이수해야 하는 학점 대부분이 국어, 영어, 수학 같은 전공 교과별 전문성 교육과 가르치는 방법과 기술을 연구하는 교육학 과목들로 구성되어 있다. 교사들은 교과 전문성 외에 학교 생활에서 학생을 매일 지도하는 생활지도가 있는데, 이 부분이 바로 언어, 신체, 따돌림에 해당하는 학교 폭력이 발생하는 영역이다.

매일 등교하는 학생들에게 학교는 삶의 체험 현장이다. 학생들은 학교에서 사회생활의 기초를 배우게 된다. 학생은 공부와 숙제가 업무이고, 교사는 학생에게 해결할 과제를 알려주고 관리해 주는 전문가이다. 훌륭한 교사를 만나는 것도, 좋은 친구들을 사귀는 것도, 학교에서 하루를 성실하게 보내는 것도 성인 이후의 사회생활을 미리 연습하는 것이라 보면 된다. 그래서 학부모들이 학교가 속한 학군과 주변 환경을 살피는 이유가 된다.

학생이 우수한 성적으로 학교를 졸업했다는 것은, 학업을 충실하게 완수했다는 의미이다. 상급학교로의 진학과 취업 시 점검하는 내용 중

하나가 학교생활 기록이다. 자기소개서도 해당된다. 과거를 통해 미래를 유추할 수 있기 때문이다. 사람의 생활 습관과 행동은 오랜 시간 쌓인 퇴적층 같은 것이라, 짧은 시간에 쉽게 바꾸기 힘들다.

예전에는 학교의 모범생이 사회생활은 형편없다는 농담이 있었다. 현재는 학교에서 성적 위주의 능력 평가 외에 인성을 포함하는 성장 참조 평가도 병행하기 때문에, 사회생활과 연계성이 높다. 결국 학교생활의 연장이 사회생활이고, 처음부터 바람직한 습관, 사고, 행동으로 나타나는 교육과 훈련이 필수적이다.

10대 청소년들은 생애주기에서 가장 큰 심신의 변화를 겪는다. 많은 시행착오를 통해 교훈을 얻어야 하지만, 현실은 입시 위주 교육환경으로 인해 장래 진로를 진지하게 탐험해 보고 이성을 포함해 여러 친구와 잘 지내는 사회성을 연습할 시간 여유가 없다. 20대 대학생 시기라도 사회생활에 필요한 도전, 경청, 공감, 협상, 협동 능력을 키우는 체험이 필요하지만, 다양한 경험의 기회는 별로 없다.

대학생들은 그동안 눌러놨던 호기심을 대학에 와서 충족하려고 한다. 올바른 성인으로 성장하는 데 필요한 가이드가 없으면 방향이 빗나갈 수 있다. 대학생들에게 롤모델로 삼을 수 있는 멋진 선배나 교수님 등 멘토를 추천하고 싶다. 주변에서 찾기 어려우면 디지털에서 멋진 어른들의 모습을 모아서 자신에게 맞춤형 롤모델을 디자인할 수도 있다. 대학 수업에서 코딩을 배우고 약간의 기술을 배워서 활용하면 가능하다. 디지털 MZ 세대와 알파 세대가 주를 이루는 10대와 20대는 새로운 방식의 일상 생활형 학습이 필요하다.

> **❝**
> **3040 세대 직장인은 디지털에 자신의 영토를 건설한다.**

30세 전후 나이는 직업을 찾는 시기이다. 성인이 되어 만난 사람들과 사회생활도 본격적으로 시작한다. 때로 직장은 학교에서 배운 내용 범위 밖의 능력을 요구한다. 보수를 주는 업무에는 요구사항이 많다. 개인이 축적한 능력을 직장의 필요에 맞추길 원한다. 학교의 선생님들처럼 인내심을 가지고 이해할 때까지 신입 직원에게 친절하게 가르쳐 주는 곳이 아니다. 따라서 본인이 눈치 빠르게 업무를 배우고 모자라는 능력을 스스로 채워 넣어야 한다.

실제 현장 업무에서는 상하좌우의 눈치를 보며, 주어진 업무를 실수 없이 처리해야 하는 고된 장소가 직장이다. 그러니 MZ 세대는 평균 재직 기간이 2년이 안 되고, 따라서 신입 직원 연수 과정이 예전보다 많이 축소되고 있다. 연수비용을 빼지도 못하고 신입 직원이 바로 떠날 수 있다는 가정이 생기는 것이다. 직장인들은 개인이 스스로 습득해야 할 지식과 기술이 점차 많아진다. 디지털 안에 그들만의 배움터 세상을 구축해서 업무 관련 내용을 계속 공부하기를 권장한다. 선택 과목으로 취미, 여행, 재테크 같은 다양한 워라벨 커리큐럼도 첨가하면 더욱 좋다.

직장인들은 40대 이후로 넘어가면 재취업을 고민한다. 우리나라 직장인 평균 퇴직 나이는 49세로, 미국의 2021년 기준 평균 66세에 비해 17년이나 앞선다. 49세는 직장을 은퇴하기에는 참 애매한 나이다. 기혼자들은 가정에 성장하는 자녀가 있고 사회생활도 경력상 잘할 수 있는 나이 구간이다. 그런데 직장인들은 현실적으로 40세가 넘어가면 퇴직 이후 재취업을 고려해서, 행동에 나서야 하는 상황이 된다. 30대 중반에 취업했다면 10년도 안 되어 퇴직을 준비해야 할 수도 있다.

직장 업무에 매달리는 생활 속에서 새로운 분야를 학습하는 것은 비효율적이고 고된 일이다. 40대 직장인이 로스쿨, 한의대에 진학해서 50대 전후에 재취업을 한 경우, 재직기간은 실상 10년을 넘기 어려운 실제 사례를 종종 목격한다. 가성비가 매우 낮다. 물론 자신의 목표가 뚜렷하고 체계적인 실행 계획이 있다면 상황은 달라진다.

재취업을 목표로 디지털을 활용해 자신이 원하는 방향의 정보와 사례만 집중해서 수집하면, 종합 분석력과 판단력이 흐려질 수도 있다. 디지털 기술의 장점은 다양한 정보 수집에 있지만, 맞춤형 정보제공은 별도의 처방이 필요하다. 따라서, 다각도의 디지털 정보를 수집한 후에 가능하면 멘토링을 통해 객관적인 시각을 가져야 한다. 40대 직장인은 그동안의 업무 경력과 노하우를 통해 디지털에서 자신만의 논리적이고 합리적인 영토를 구축하라고 추천하고 싶다.

66
5060 세대는 진짜 공부를 디지털에서 찾는다.

이 시기는 인생 후반기 준비를 위한 진짜 제대로의 학습이 필요하다. 학교 교육과정에서는 인생의 후반기에 무엇이 필요하고 어떻게 살아야 하는지 전혀 가르치지 않는다. 대학 교육과정도 학생들의 노년까지 책임지지 않는다. 직장도 마찬가지이다. 퇴직이 가까울 때 공무원이나 준공무원들은 공로 연수에서 건강, 재테크, 재취업 지원 등에 대해 배운다. 일반 기업은 자신이 알아서 필요한 내용을 찾아다녀야 한다. 이경우 대부분은 재테크에 꽂힌다. 시니어를 위한 평생교육에서도 이 분야 교육과정이 큰 비중을 차지하고 있다.

퇴직을 앞두고 무엇을 언제 학습해서 나머지 인생 후반기를 어떻게 보람차게 보낼지, 스스로 찾지 못하면 오랫동안 방황하게 된다. 2030 시기에는 돈보다 의지와 열정이 중요했지만, 후반기에는 가진 돈에 맞추어 도전하고 짧은 주기로 성과를 분석해야 한다. 또한, 나이가 들수록 오랜 시간 집중이 어려워 동호회, 동아리, 좋은 멘토 구하기 등 적극적 방법으로 자신의 도우미 그룹을 만들어야 한다. 정서적 안정감이 중요한 시기이기 때문이다.

노년이 되면 신체 건강과 함께 정신 건강이 매우 중요하다. 매일 운동과 섭생을 점검하는 과정에 디지털의 기여가 클 수 있다. 앱을 통해 유익한 노년기 건강 정보를 공부하고 경험을 나누기에 디지털은 이동과 시간의 자유를 제공한다. 노년에 들어서도 스스로 동기를 만들어내는 자기 주도 학습 능력은 필요하다. 지자체의 평생 교육 기관에서는 이들을 도와주는 전문 인력이 있다. 대부분 무료로 서비스를 제공한다. 일단 시작해서 스마트폰을 이용해 하루의 학습 활동과 성찰 일지를 쓰면 학습의 진도와 성과를 어느 정도 챙기면서 자신감도 올라간다.

03
디지털 학습과 취업 및 재취업

디지털 활용 능력은 취업의 기본이다. 인터넷 정보 수집과 GPT의 정보 요약을 비교해 보자. 인터넷에 '디지털 학습'이란 키워드를 치면 여러 가지 정보 리스트를 준다. 학원 정보에서부터 스마트폰 앱 추천까지 너무 많아서 정보 수집의 구체적인 세부 목표가 없으면 기웃거리다 시간을 낭비하기 쉽다.

GPT에 같은 주제를 문의하면 디지털 교재, 온라인 학습 등 유형별로 나누어 설명한다. 다음 질문으로 넘어가기가 훨씬 쉬워진다. 다시 인공지능 학습으로 문의하면 맞춤형 학습, 실시간 피드백 등 전공자들이나 사용할 전문용어를 제공한다. 인터넷에서 이곳저곳을 들여다볼 때보다 시간이 절약됨을 알 수 있다.

젊은 세대들은 챗봇과 Chat GPT를 원활하게 활용한다. GPT를 이용하면 한 주제에 대해 정리된 내용을 보여준다. 이미 살펴보았듯이, 네이버의 CLOVA X를 통해 누구나 쉽게 알고 싶은 단어나 문장을 치면 원하는 정보를 알려준다. 전제조건은 질문에 포함할 기본 단어를 정확히 알고 있어야 한다는 것이다.

CLOVA X한테 CLOVA X의 기능이 뭐냐고 물어보면, [자연어이해, 자연어생성, 이미지인식, 음성인식, 기계학습, 인공지능기술]이라고 한 두 줄씩 설명해 준다. 인공지능 서비스가 종합한 다음에 요약해서 설명하는 것이라서, 자신이 직접 인터넷에서 개별 단어를 찾아다니며 정리하는 것에 비해 시간이 절약된다. 사용하지 않을 이유가 없다. 업그레이드된 기능인 큐(CUE)가 있는데 현재는 PC에서만 가능하다. 대화 형태로 궁금한 것을 물어보면 관련된 다른 궁금증의 검색 추천 질문도 있다. 인공지능 관련 직종을 물어보니, 다음과 같은 답변이 제공되었다.

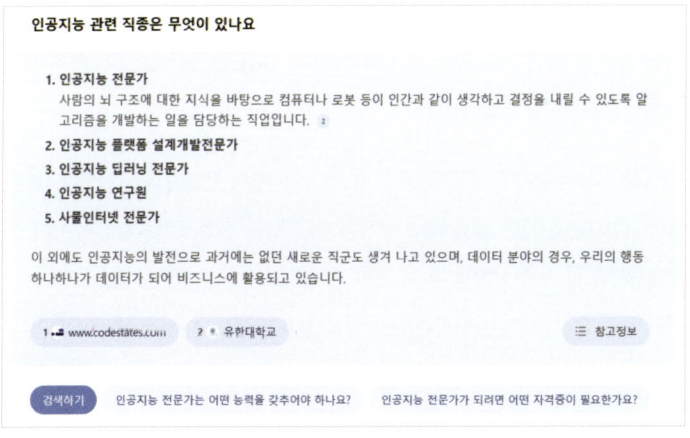

앞으로 디지털 기술을 제대로 활용하기 위해서는, 분명한 목표에 대한 체계적인 생각을 해야 하며, 수집된 정보를 어디에 어떻게 활용할지가 분명해야 한다. 취업할 분야가 명확하고 무엇을 학습할지, 배운 내용을

현장에 어떻게 활용할 것인지 학습한다면 취업 가능성은 훨씬 향상될 것이다. 한 가지 방법으로 문제를 해결하는 아날로그식의 방법은 앞으로 잘 통하지 않는 시대로 접근하고 있음을 깨달아야 한다.

> **디지털 학습으로 재취업에 도전한다.**

직장에서 어느 정도 연차가 쌓인 후에 다시 시작하는 재취업 준비는 용기 넘치는 도전이거나 무모한 시도일 수 있다. 하지만, 앞으로 MZ 세대와 알파 세대는 베이비붐 세대보다 재취업이 일상이 될 것이라 한다. 이미 언급했듯이, 미국의 저널리스트인 말콤 글래드웰의 1만 시간의 법칙이 깨어지고 있다. 디지털 AI 기술의 힘으로 지식과 경험 축적의 시간이 이전 세대보다 짧아졌기 때문이다. 직접 경험과 유사한 메타버스 활용으로 전문가로 성장하는 시간이 빨라질 수 있다.

2020년 이후 팬데믹 기간에 디지털 활용을 많이 연습한 전 세계 사람들에게 새로운 분야를 학습하는 시간은 이전보다 훨씬 단축되었다. 디지털의 힘으로 정보 수집하는데 시간을 절약하고 분야별 전문가를 발로 찾아다니며 학습하기보다, 시공간의 자유를 누리면서도 시간과 에너지를 절약할 수 있는 디지털의 힘을 빌리는 것이 쉬워졌다.

기업에서 새로운 제품의 마케팅을 한다고 가정해 보자. 마케팅 부서는 예전처럼 사람이 모이는 곳을 가기보다 인터넷에서 조회 수가 많은 곳을 먼저 찾을 것이다. 예전에는 사람이 모이기 좋은 곳부터 일자리가 만들어졌고 돈도 모였다. 역 주변이나 사통팔달의 넓은 도로가 있는 곳이었다. 산업화와 도시화가 이를 설명한다. 이제는 인터넷이 잘 터지고 디지털 시설이 좋은 곳부터 사람이 모이고 돈이 모인다. 사람들이 머물면서 디지털 기계를 써야 하는 내부 공간의 중요성이 더 커졌다.

여러 SNS가 이를 뒷받침한다. SNS에 올라오는 사진이나 동영상 같은 정보를 보면 댓글로 내용을 평가하고, 읽는 사람은 그 내용들을 종합해서 자신의 선택을 결정한다. 예를 들어, 여행지나 식당이 그렇다. 세대별로 선호하는 SNS도 다르고 성향도 다르다. 재취업의 기회도 마찬가지이다. 디지털에서 기본 정보는 찾을 수 있고, 좀 더 찾으면 구체적인 정보와 경험을 수집할 수 있다. 충분히 학습한 후에 최종적인 결정을 할 수 있다. 반복하지만 정보 수집력과 분석력은 점점 더 중요해질 것이다.

결국 디지털에서 스스로 학습하는 자신만의 노하우가 있는 사람에게 재취업 기회는 더 빨리 올 수 있는 세상이 되었다. 디지털에서 자기 주도 학습을 할 수 있는 사람, 체계적인 사고력이 있는 사람, 종합적 판단력이 있는 사람에게는 학습도, 취업도, 재취업까지 수월하게 이루어 낼 수 있다.

❝
가짜 말고 진짜 알찬 정보를 모아서 요약하자.

디지털 정보를 영리하게 사용하려면 먼저 체계적으로 정보를 수집해야 한다. 대학생들에게 분석보고서 과제물을 내주면 정보를 어디서부터 수집해야 하는지 몰라서 쩔쩔맨다. 이것은 자신이 수행할 과제의 목표와 내용에 대한 정확한 이해가 부족해서이다. 그리고 분석적인 사고력이 미흡해서 과제를 무엇부터 어떻게 접근해야 하는지 모르는 것이다.

잘게 쪼개는 분석력은 '왜'를 반복하면서 끝까지 파고 들어가야 향상된다.

수집할 정보의 주제가 분명하면, 우선 핵심 키워드 몇 개를 추리고 키워드별로 내용을 정리한다. 그리고 다시 좁혀서 하위 주제별로 내용을 요약 정리한다. 그리고 디지털에서 진짜 정보를 가려내는 요령도 필요하다. 공신력이 있는 공공기관에서 발행한 정보와 지식은 상대적으로 믿을 수 있을 것이다. 학위논문이나 언론 정보, 연구 결과보고서 등은 활용 가치가 높다. SNS에서 소속기관을 밝히지 않는 개인의 정보는 활용에 유의해야 한다. 가짜정보가 넘치는 세상이다.

과제나 업무를 해결할 때 주제별로 너무 많은 정보를 찾다 보면 정보가 없는 것과 같을 때가 있다. 너무 많아 선택을 못 하거나 무엇이 더 중요한지 선별하는 기준이 모호할 때이다. 정보를 논리적으로 체계화해서 핵심 요소를 찾은 다음, 본인에게 필요한 정보를 선별한 후에 용도에 맞게 재창조하는 능력이 필요하다. 실제 업무 현장에서 필요한 디지털 정보 창조 능력이 이런 것이다.

디지털에서 결론 없이 단순하게 정보 수집만 하면, 아날로그 시대에 기대하던 성과보다 못할 수 있다는 것을 기억해야 한다. 아날로그 시대에는 중요해 보이는 정보를 간단하게 필기라도 했는데, 디지털 시대는 정보를 보고 듣고 지나치기 쉬워 수증기처럼 망각이 되기 일쑤다. 그냥 지나친 정보를 다시 찾다가 시간 낭비가 될 때가 많다. 스스로 정보를 빨리 효율적으로 찾는 방법을 터득하고 그것을 요약 정리하는 요령도 중요한 디지털 능력이다.

PART 5 디지털로 즐거운 평생 학습

04
디지털로 놀듯이 평생 공부하기

자신의 성향을 알아야 디지털을 잘 활용한다.

가성비 높은 평생 교육 기관을 찾으려면 우선 무엇을 공부할지 주제가 명확해야 한다. 주변에서 쉽게 찾을 수 있는 평생 교육 기관은 중앙 정부와 지방 정부의 예산 지원으로 교육비가 저렴한 편이다. 개설 강의 분야와 주제도 매우 다양하다. 목공 기술부터 뜨개질까지 학문 분야별로 취미와 교양에서 전문자격증까지 모두 포함한다.

자신이 흥미와 관심이 가는 분야를 정하지 못하고 남의 집 구경하듯이 여기저기 정보를 찾아다니다 보면 결과적으로 실망하게 된다. 이유는 자신이 무엇을 왜 필요로 하는지 정확히 몰라서 아무 선택이나 할 수 있어서다. 어디든 교육 기관별로 주력 개설 강의가 있고, 일부는 디지털 학습이 가능해서 자신의 학습 동기와 계획이 철저해야 한다. 대학을 졸업한 후에도 자신의 성향과 장단점을 모르면 남이 좋아하는 유행 따라 살게 된다.

친한 친구나 지인들을 통해 자신의 객관적인 모습을 자주 확인하면 도움이 많이 된다. MBTI 검사를 통해 통계적인 성향을 파악하는 것도 좋다. 학생 시절 어떤 과목에 관심이 있었고 좋은 성적을 받았는지 살펴보아도 된다. 이과나 공대 계열을 졸업해서 직장을 다닌 사람들은 대부분 계단식 사고를 한다. 그들은 무엇인가 이해하고 설명할 때 객관적인 순서를 찾는다. 인문학, 사회학 분야는 단계를 건너뛰면서 설명해도 유추해서 자신의 스타일대로 이해한다. 포용적 사고를 하는 부류이다.

디지털과 AI는 계단식 사고력을 가진 사람과 잘 맞는다. 어린 학생들에게 코딩을 가르치는 이유 중 하나가 사고력을 체계적이고 분석적으로 훈련하는 것이다. 이것을 알고리듬(Algorithm)이라고 한다. 유튜브 동영상에서 시청자가 검색한 주제에 맞추어 관련 영상을 제안하는 것이 이런 사례이다. 과제나 문제를 해결할 때 가장 효율적인 방법이기도 하다.

분석적이면서 종합 판단력을 연습하기 위해서는, 디지털에서 정반합의 공식을 머릿속에 그리면서 정보를 찾으면 도움 된다. 같은 주제에 대해 찬성하는 정보와 반대하는 정보를 모아서 자신이 최종 결론을 내보는 것이다. 물론 처음에는 어렵지만 몇 번 연습하면 쉬워진다. 그 위에 계단식 사고를 할 것인지 포용적 사고를 할 것인지, 자신의 성향과 특성을 잘 섞으면 디지털을 최고로 잘 활용하는 능력이 생긴다. 주제별로 이렇게 공부하면, 나이가 들어도 세상에 대한 궁금한 것들에 대해 체계적인 사고력을 바탕으로 신속하게 자기 주도적인 학습을 할 수 있다.

> **나이 들면 문·사·철·예술 분야에 관심이 간다.**

학문 분야의 진화과정을 보면 오래전에는 사람이 자연과 더불어 살아가는 원리를 가르치는 철학이 기본이었고, 철학을 바탕으로 천문학, 수사학(언어를 구사하는), 문학, 예술, 수학 같은 학문이 진화되었다고 한다. 공학 분야는 산업의 발전과 같은 흐름으로 필요에 따라 발전된 학문 분야이다. 따라서 인문학과 예술 분야에 대한 갈망은 인간 본연의 세상에 대해 알고 싶은 기본적인 욕망이라고 볼 수 있다.

직장을 은퇴하는 연령대가 되면, 이전에 공부하지 못했던 관심 분야를 택해서 열심히 공부하는 사람들이 있다. 대부분은 직장에 매달리느라 잠시 외면했던 음악, 미술 분야를 공부하거나, 문학 역사 철학 같은 학문 분야를 열심히 공부한다. 스포츠는 여러 종목을 기본 교양과목처럼 필수로 챙겨서 배운다.

그런데, 자신이 어느 분야에 더 적성과 동기화가 되어있는지 잘 확인하지 않는다. 그 결과로 중간에 포기하고 그만두는 경우를 많이 목격한다. 새로운 분야를 목표대로 배운다는 것은, 탐구하는 호기심과 인내하는 연습의 시간을 잘 참아내는 정말 어려운 과정이다. 대단한 결심이 아니면 그 과정을 참고 견디기 힘들다. 그래서 분명한 의지와 대단한 열정이 필요하다. 의지에 불타는 동료가 곁에 있으면, 배움의 과정이 힘들고 지칠 때 커다란 위안이 된다. 협동학습의 힘이다.

자신이 스스로 학습하는 정열과 동기가 부족하다면 디지털에서 혼자 학습하지 말고 직접 대면해서 배우기를 추천한다. 비용과 시간 절약을 이유로 동영상 학습을 선택해서 좌절하는 경우를 보게 된다. 또한, 본인의 성향이 사람을 직접 만나서 대화하고 즐기는 시간이 더 중요하게 여긴다면 디지털 학습은 맞지 않는다. 디지털 학습은 장소이동 시간과 자신의 학습 속도를 조절하는 것이 최대 장점이다. 단점은 사람들과 직접 접촉하는 기회가 없다는 것이므로, 혼자서 잘해 낼 수 있는 의지력이 강한 분들에게 적합하다.

> **중년 이후는
> 놀듯이 공부하는
> 것이 답이다.**

학교에 다니는 학령기 학생은 학업 스트레스를 받는다. 학교란 본디 많은 내용을 몰아서 가르치고 배우는 곳이라 그렇다. 학교는 정해진 기간에 지식을 쌓고 목표 달성 여부를 평가한다. 행동에 제약이 많아 큰 재미는 없다. 학생들이 유치원 이후 초등학교부터 학교가 힘들다고 하는 이유는 행동에 제약이 많고 하지 말아야 할 것이 많아서다.

직장을 다니고 사회생활을 충분히 하고 난 이후 공부하고 싶은 분야를 찾은 분들은 학생 시절처럼 경쟁하듯이 공부하는 모습을 종종 보게 된다. 예상할 수 있듯이 얼마 안 지나 지쳐서 포기한다. 학생 시절이야 학교생활이 하루 일상의 대부분이었지만, 중년이 지나면 놀 듯이 공부하는 습관도 필요하다. 그런데, 해결할 문제가 생기면 최소한의 공부도 하지 않고 주변에 물어물어 남이 하라는 데로 처리하는 사람들도 있다. 스스로 공부하지 않으면 문제해결의 과정도 결과도 남에게 의존하게 된다. 디지털 시대에 최악의 선택이 될 수 있다.

예를들어 건강 문제가 발생했을 때, 병원에서 본격적인 치료를 하기 전에 인터넷에서 정반합의 공식을 기억하며 정보를 수집해서 공부하면 질병에 대한 이해도가 빠르고 치료 기간도 덜 힘들 수 있다. 문제가 생겼을 때 해결 과정을 모르면 결과에 대한 두려움이 생기고 그 두려움으로 문제해결 과정이 꼬이는 중복된 어려움을 겪게 된다. 평소에 스스로 찾아서 공부하는 습관이 생기면 나이가 들어서도 자기 주도 학습 능력을 바탕으로 수월하게 문제를 해결할 수 있다.

유치원생처럼 놀듯이 공부할 수 있는 시기가 중년 이후에 돌아온다. 대학 입시나 취업 준비하듯 몰아붙이지 말고, 공부하면서 발견하는 깨달음을 즐거워하는 습관을 쌓아야 한다. 학습 활동지와 성찰 일지에다가 공부하고 나서 무엇을 깨달았고, 무엇이 좋았는지 기록해 보면 중년 이후의 공부가 오랫동안 즐거움으로 남을 수 있다. 그리고 오랫동안 지속할 수 있다. 공자께서 하신 말씀을 상기해 보자. 학이시습지(學而時習之) 불역열호(不亦說乎). 배우고 때때로 익히면 기쁘지 아니한가.

PART 5 디지털로 즐거운 평생 학습

05
나를 위한 맞춤형 디지털 교과목 만들기

> **낱개의 디지털 정보를 활용해 지식 덩어리를 만든다.**

시스코사의 보고에 따르면 전 세계 인터넷 사용 인구는 2023년 기준 67%, 즉 3명 중 2명이라고 한다. 우리나라는 2022년 기준 전 국민의 93%가 인터넷을 사용하고, 가구 기준은 99%의 사용률을 보인다. 현재 우리나라는 국가적 재난이나 긴급한 날씨 및 교통 정보를 전 국민에게 스마트폰 문자로 보낸다. 그래서 인터넷과 스마트폰이 없으면 대한민국에서 살기 매우 불편하다. 이것은 앞으로 모든 국민이 디지털로 평생 학습할 수 있는 커다란 장점이 된다.

그런데, 디지털 정보 활용 능력에 대해 자세히 분석해 볼 필요가 있다. 디지털 정보를 내가 필요한 곳에 그대로 활용하는 것과, 디지털 정보를 활용해서 유익한 정보로 재창조하는 것은 차원이 다른 접근이다. 미래에는 당연히 후자의 능력이 필요하다. 주입식 교육, 모방 교육, 상대 평가, 지나친 대학입시 준비 등이 우리나라 학교 교육의 단점이라고 보면, 사회 변화 반영, 기술의 활용, 안전한 학교 환경 대비 등은 학교 교육의 장점이라고 할 수 있다. 우리나라 학교 교육의 단점은 잠시 놔두고, 장점 위에 창의력을 더하면 우리나라 교육의 미래는 상승 흐름에 올라탈 수 있다.

우선, 넘치는 디지털 정보 중에서 진짜와 가짜정보를 판별하는 능력을 키워서 자신에게 유리한 정보를 수집하는 요령을 반복 연습해야 한다. 요즘은 초등학교에서부터 진짜와 가짜정보를 구별하는 디지털 문해력을 가르치기 때문에 가짜정보를 쉽게 알아볼 수 있을 것이다. 다만, 아날로그 시대에 익숙한 세대는 디지털 가짜정보에 대한 판별력이 부족한 편이라 조심해야 한다.

다음은 원하는 학습 주제를 선정해서 관련 정보를 모으는 것이다. 학술 논문을 작성하는 방법과 유사한데, 컴퓨터의 디렉토리 정리하듯이 분류하면 된다. 대분류 급에 속하는 큰 주제와 하위 주제로 나누고 각각의 정보를 마인드맵핑(Mind Mapping) 하듯이 정리한다. 이렇게 하면 주제별로 낱개의 정보를 줄줄이 연결할 수 있다. 필요할 때 자신의 컴퓨터에서 주제 하나를 검색하면 연결된 전체의 지식 덩어리를 꺼내 볼 수 있다. 자신만의 GPT를 만들 수도 있다.

주제별로 수집된 정보를 몇 번에 걸쳐서 반복해 습득하면서 순서와 내용을 업그레이드하면 아주 유용한 지식 덩어리가 형성된다. 이렇게 몇 번을 해보면 자신에게 유용한 지식을 책처럼 축적하게 되고, 여러 주제가 쌓이고 내용이 머릿속에서 잘 정리되면 어느 순간에 전문가 반열에 오르게 된다.

> **나의 관심
> 교육프로그램은
> 내가 설계한다.**

기존에 있는 교육프로그램을 찾아내서 차근차근 공부하는 것은 그리 어렵지 않다. 혼자서 씩씩하게 자신의 학습 목표와 학습 주제를 정하고, 일단 디지털 학습 로드맵을 그려본다. 틀려도 괜찮다. 얼마든지 수정할 수 있다. 핵심은 나만의 학습용 안내 지도를 만드는 것이다.

창의적으로 무엇인가 만들기 위해서는 창의적인 사고력이 먼저 장착되어야 한다. 창의력이 생기기 전에 분석력과 논리적 사고력이 필요한데, 디지털 학습을 효과적으로 하기 위해서는 더욱 필요한 능력들이다. 필요한 정보를 찾아서 앞뒤의 순서나 흐름을 맞추는 연계성을 스스로 엮어보는 것이다. 무엇이 먼저이고 나중인지 곰곰이 생각하면 답이 나온다.

지식 덩어리를 만들었다면 각각의 지식 덩어리 아래에 파일 정리하듯 제목을 붙이고 번호를 매겨 먼저와 나중의 순서를 매긴다. 논리적인 맥락을 만드는 것이다. 어떤 주제는 분량이 많고 어떤 주제는 분량이 적을 수 있다. 할 수 있다면 한두 시간의 학습 분량으로 나누어서 별도 파일을 만들고 전체 목차를 구성한다. 자신이 원하는 교육프로그램이 완성된 것이다.

이제부터는 자주 들여다보면서 무엇을 더 첨가하고 뺄지 검토하여 수정 작업을 한다. 마치 책 원고를 작성하는 것과 유사하다. 교육대학이나 사범대학에서 예비 교사들을 가르치는 교육과정을 설계하고 내용을 구성하는 방법도 유사하다. 물론 자격증 분야라서 규정상 필수교과목이 많지만, 선택 교과목들은 이런 방법으로 내용이 구성된다.

> **내가 나를
> 가르치는 선생님이
> 될 수 있다.**

자신이 원하는 학습 주제에 대한 지식 덩어리를 만들었고, 그 덩어리들을 뭉쳐서 교육프로그램을 구성한 다음은 어떻게 학습할 것인지 배우는 방법을 고민해야 한다. 같은 내용이라도 학습하는 방법은 여러 가지가 있다. 강의식, 문제 해결식, 토론식 등 상황에 따라 달라지고, 혼자 공부할 때 이론과 개념을 먼저 공부하는 연역적 방법과 구체적인 사례를 보면서 분석해 가는 귀납적 접근이 있다.

핵심은 자신이 어떻게 공부하는 것이 즐겁고 오래 견디는지 아는 것이다. 졸업과 취업을 앞에 둔 사범대학 4학년 학생들도 자신에게 맞는 공부 방법을 모르는 경우가 많다. 솔직하게 고백하자면, 학생을 가르치는 교사들도 자신이 어떤 방법으로 공부할 때 가장 효과적이고 효율적인지 모를 때가 있다. 자신의 공부 성향을 제대로 파악하지 못해서다. 또한 상황과 시점에 따라 공부 스타일이 변하기도 한다.

자신의 MBTI 결과를 안다면 공부할 때 자신에게 맞는 성향을 대략 알 수 있다. 경우의 수가 상당히 많아서 여기서 전체를 설명할 수는 없는데, 예를 들면, 외향적인 E 스타일이라면 학습할 때 경험이나 사례를 통해 먼저 전체를 조망한 다음에 구체적인 내용으로 접근하는 것이 효과적이다. 내향적인 I 스타일은 차근차근하게 개별 내용을 먼저 이해한 다음에, 전체 내용을 실제 상황에 적용하는 것이 효과적 학습 방법이다.

여러 성향의 학생이 모인 교실에서 선생님은 가장 일반적인 방법으로 가르치게 되고, 학생은 자신이 알아서 맞추어 갈 수 밖에 없다.

따라서, 학생은 일찌감치 자신의 학습 스타일을 잘 파악하는 것이 중요하다. 자신이 외향적인지 내향적인지, 혼자 공부하는 것이 맞는지 누군가의 지침을 받는 것이 맞는지 정도만 알아도 큰 도움이 된다. 내향적이라면 혼자서 차분하게 디지털 학습으로 반복하며 학습하는 것이 잘 맞을 수 있다. 중간에 포기하지 않도록 멘토가 있으면 아주 효과적이다.

외향적 성향은 디지털 학습 시 사람이 많은 카페나 스터디그룹, 동호회를 만들어 공부하면 효과적이다. 다른 사람들에게서 에너지를 받아 자신의 학습 동기가 올라가기 때문이다. 직장에서 은퇴하고 이것저것 관심 분야를 배우던 분들이 얼마 지나서 배우기를 포기하거나, 동료 학습자들이 마음의 상처를 주었다는 사례를 본다. 자신의 성향을 잘 모르기 때문에 일어나는 사례이다.

사회생활처럼 공부할 때도 자신만의 방패와 칼이 필요하다. 칼은 자신의 장점을 발휘하여 공격적으로 배울 내용에 용기를 가지고 도전하는 것이고, 방패는 공부를 방해하거나 자신을 약하게 만드는 주변의 공격을 막아내기 위한 것이다. 쉽게 구겨지는 종이 방패보다는 자신을 지킬 수 있는 단단한 콘크리트 방패를 마련해 공부하길 추천한다.

6장
디지털 학습자의 자기관리 능력

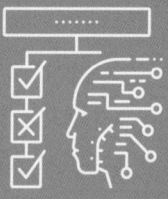

01. 생각과 행동의 연관성 파악하기
02. 고품질의 생각 습관 만들기
03. 시간 관리와 자기관리 능력의 관계성
04. 디지털 학습의 효율적 시간 관리

PART 6 디지털 학습자의 자기관리 능력

01
생각과 행동의 연관성 파악하기

> **생각이 말을 지배하고 말이 행동을 결정한다.**

사람은 행동하기 전에 그 행동이 옳은지 그른지 생각부터 해야 한다고 학교에서 배웠다. 왜일까? 상대방이 나의 행동을 오해하지 않도록 주변을 살핀 다음에 실행해야 함을 강조하는 것이다. 자신의 행동에 앞서 상대방이 어떤 반응을 보일지 잠시 생각해 보면 행동의 반경이 자연스럽게 정해진다. 그런데 우리는 일상에서 생각 없이 무심코 행동하는 경우가 허다하다. 상대방으로 인한 마음의 상처는 이렇게 생긴다.

교육학에서 행동주의 이론은 이처럼 생각 없이 외부 자극에 반응하는 경우를 잘 설명한다. 파블로프의 실험에서 종소리와 함께 밥을 주다가 어느 순간에 밥이 없이 종소리만 쳐도 개는 침을 흘리며 밥을 기다린다. 사람의 행동도 유사하다. 예를 들어, 매번 맛있는 저녁 식사를 차려주던 엄마가 어느 날 저녁 식사를 갑자기 안 차려준다면 이유를 따지기 전에 화부터 내고 보는 경우이다. 화내는 행동에 상대방이 동일한 반응을 보이면 상황은 악화된다. 다툼의 장면이 주로 이렇게 시작된다.

이 사례에서는, 화내기 전에 이유를 파악하려고 생각해 보는 단계가 생략되면서 행동이 앞선 것이다. 만약 현재 상황을 분석하려는 생각의 과정이 있었다면, 화를 내는 행동은 불필요했고 결과로 문제가 커질 수 있는 상황을 모면할 수 있었을 것이다.

사람들의 선입견, 오해, 판단, 설득, 협상이라는 단어들은 상대방이 있어야 성립되는 단어다. 혼자서는 의미가 없어지는 것들이다. 소통을 잘하는 방법에서 가장 중요한 것은 상대의 말을 잘 들어보는 경청이라고 한다. 잘 듣고 난 다음에 의견을 명확하게 전달하는 것이 제대로 된 대화의 내용과 방법이다. 상대방의 생각을 읽을 수 있다면 나의 행동 범위는 저절로 정해진다. 배려와 공감이 상대방의 생각을 읽어내는 대표적인 단어들이다.

오랜 시간에 걸쳐서 언어를 학습하는 이유는 소통에 문제가 발생할 때 해결 도구로 사용하기 위함이다. 언어가 없는 동물은 행동으로 자신의 의사표시를 한다. 동물들이 사료 앞에서 서로 으르렁거리는 것은 내 밥을 넘보지 말라거나 나부터 먹고 보겠다는 표현일 것이다. 사람에게는 오랜 시간에 걸쳐서 배우는 공통의 언어가 있다. 공동체 생활에서 발생하는 여러 문제는 언어를 사용해서 해결하고, 그 과정에서 상호 간에 상처를 주고받지 않도록 예의를 지키라고 학교에서 가르친다.

그런데, 현실적으로 학교에서 '생각하기'를 제대로 가르칠 기회는 부족하다. 학교의 일과를 수업과 학생들 생활지도로 채우는 교사들은 하루가 짧다고 한다. 교사의 최우선 임무는 정해진 교과목 내용을 학생들에게 전달하는 것이다. 배운 내용을 머릿속에 잘 저장하고 있는지 하는 것은 학생의 몫이다. 그러므로 학생들의 생각과 행동과의 상관관계는 학부모의 도움이 필요한 영역이다.

'생각의 탄생'이라는 책에서 루트번스타인은 학생이 배우고 느낌 감정을 잘 정리하고 통합하면 생각하는 큰 힘이 생기는데, 학교는 학생 개인의 느낌을 존중하기 어려운 구조라고 한다. 특히 디지털 학습이 보편화 되고 있는 상황에서 깊은 생각 없이 이미지와 동영상을 그대로 모방하는 사고방식으로 인해 문제 행동의 발생이 많아질 것이 우려된다.

> **사고력을 강화하면 공부를 잘하게 된다.**

학생들이 찾는 쉽고도 빠른 공부의 지름길은 그 어디에도 없다고 보면 된다. 교육학 분야를 40년 넘게 연구하면서 저자도 공부의 지름길을 찾고 있지만 아직 정확하게 못 찾았다. 약간의 요령은 있었다. 인간에게 자연스럽게 생긴 망각의 원리를 되돌리는 기억 재생의 원리를 이용하는 것이다. 배운 지식이 다 날아가기 전에 일정 기간을 거듭하면서 복습하는 것이다. 다른 말로 벼락치기를 방지하는 것이라고 보면 된다.

지식을 인지 구조의 장기기억 창고에 잘 분류해서 보관하는 것은 공부를 잘할 수 있는 좋은 전략이다. 예를 들면 당일치기 공부 말고 몇 주, 몇 개월의 기간을 잡아서 뜨문뜨문 간헐적으로 공부하면 기억구조 속에 체계적으로 오랫동안 내용이 남는다. 성적이 우수한 학생들에게 비법을 물어보면 매일 충분한 수면과 함께 공부한다는 말이 이런 원리이다. 배가 고프거나 아주 부르지 않게, 졸리지 않게 산소가 잘 통하는 곳에서 공부하면 효율이 높아진다.

이것은 누구나 아는 방법이지만 실천이 어렵다. 생각이 행동을 지배하도록 충분한 연습이 되지 않아서 수시로 바뀌는 환경에 따라 몸이 생각 없이 반응한다. 그리고 뇌의 중앙 통제센터에서 행동을 잘 관리하지 못한다. 예를 들면, 공부 시간 계획표를 촘촘히 세운 학생들이 실천은 하지 못하는 경우가 많다. 원인은 사고력이 부족해서 자신이 왜 계획표에 맞추어 공부해야 하는지 정확한 이유를 모른다. 원인은 목표 자체가 계획표만 멋지게 세우는 것이었기 때문이다.

원인과 이유를 모르는 행동은 성과가 당연히 떨어진다. 공부에 이유를 찾으려면 자신이 무엇을 왜 언제까지 어디서 어떻게 공부할 것인지 곰곰이 반복해서 생각해야 한다. 이를 바탕으로 자신이 수행할 구체적인 행동을 차근차근 나열해 보면 된다. 예전에는 종이나 수첩에다 이것을 정리했지만, 지금은 스마트폰에서 일정표를 기록하고 관리할 수 있다. 알람 기능을 활용하면 더 효과적이다.

디지털 학습은 자기 주도성이 높아야 학습의 성과가 나온다고 반복해서 강조했다. 따라서 생각하는 힘, 그리고 행동으로 실천해야 하는 분명한 목표와 지향점이 있어야 성공 확률이 높다. 디지털 학습을 위한 기본 훈련에 이런 자기관리 능력이 포함되어 좋은 습관으로 쌓인다면, 디지털 학습으로 상당한 결과를 기대할 수 있을 것이다.

> **디지털로
> 아름다운 언행을
> 표현해 보자.**

디지털 환경에서는 사람과 사람 사이에 상호 이해하려고 노력하는 과정과 절차가 생략되기 쉽다. 사람이 직접 눈앞에 바로 보이지 않을 때가 많아서 상대의 상황을 파악하지 못한 상태에서 말하거나 행동하게 된다. 스마트폰에서 문자로 대화할 때 상대방의 상황을 파악하지 않고 일방적으로 내용을 전달해 눈살을 찌푸리는 경우가 종종 있다. 공감 능력과 소통 능력이 부족한 상태에서 디지털 기기를 오용하면 소통이 아니라 불통으로 인간관계가 어긋날 수 있다.

디지털 문해력의 기본 자질은 상대를 배려하는 예절을 지키면서 아름다운 언어 혹은 비언어 표현을 하는 것이다. 대화의 달인들을 관찰하면 의사 표현이 분명하면서도 멋지고 아름다운 단어를 구사한다. 상대가 들었을 때 기분도 좋아지고 배우고 싶다는 생각이 들도록 한다. 말을 상대와 상황에 맞게 효과적으로 잘하는 것은 유전의 힘이 아니라 연습의 힘이다. 오랫동안 학생을 가르친 선생님들은 대체로 상대에게 설명을 잘한다. 상대방을 파악하면서 대화하는 오랜 연습으로 달인이 된 것이다.

디지털 문화의 확산으로 사람들의 언어 표현은 예전보다 다양해졌다. 이모티콘, 자음만으로 의사 전달, 내용 대신 사진을 대신 보내기도 한다. 하지만 과거 현재도 그렇고 미래에도 그럴 것인데, 인류는 역사 문화적으로 중요한 내용을 인쇄가 가능한 활자로 남겨왔다. 사회생활도 이것을 반영한다. 결국 말과 글을 잘 표현하는 능력이 최고의 전문가를 만든다. 디지털 세상에서도 예외는 아니다.

PART 6 디지털 학습자의 자기관리 능력

02
고품질의 생각 습관 만들기

**'왜'를
다섯 번 이상
질문하자.**

학생 중에 유달리 호기심이 많은 학생이 있다. 수업 중에 당연히 질문이 많다. 호기심과 생각이 많다는 의미이다. 선생님들은 이런 학생이 교실에 많으면 수업 시간 관리가 어려워진다. 학생 질문이 수업 내용과 크게 관련이 없으면 교사가 답변하는 동안, 다른 학생의 학습 동기는 떨어질 수 있다. 좋은 학교의 조건에 교사 1인당 학생 수를 산정하는 이유 중 하나가 교사로서 충분한 시간을 가지고 학생의 호기심을 충족시키고 학습 동기를 지속시켜 주는 것이다.

학교 교실에서는 높은 수준의 사고력인 종합 판단력을 키우는 연습을 충분히 실행하기가 쉽지 않다. 찰떡같이 잘 가르치는 교사와 찰떡같이 잘 배우는 학생이 만나면 가능하겠지만 현실은 어려움이 많다. 교사는 수업에서 다수의 학생을 상대해야 하는데, 학교 수업 시간은 학교급에 따라 40분이나 50분으로 정해져 있다. 현실적으로 학생 개개인의 생각하는 속도에 맞추어 수업 진행을 할 수 없다.

일상적인 교실 풍경은 몇몇 집중하는 학생을 제외하고 다른 학생들은 교사의 설명을 듣다가 머릿속에 다른 생각이 떠오르면 거기로 빠지던가, 졸리면 그냥 잔다. 이런 과정이 반복되면서 수학 포기 학생, 영어 포기 학생처럼 핵심 교과목을 포기하는 학생이 나온다. 대학에 와서도 수업 시간에 졸거나 다른 행동을 한다. 뾰족한 해결책은 없을까?

연습은 가정에서 충분한 시간 여유를 가지고 반복하는 것이 가장 효과적이다. 자녀가 곰곰이 '왜'를 생각하는 습관을 어려서부터 길러주는 것이 매우 중요하다. 만약 부모가 아이에게 질문하고 빨리 답을 하라고 다그치면 부모가 원하는 정답을 찾거나, 생각 없이 아무 말이나 하게 된다. 어차피 혼날 것이니까 노력할 이유가 없어진다. 아이가 '왜 그렇지?' 하고 생각할 여유가 없다 보니, 아예 생각 없이 행동하는 어른으로 성장할 수도 있다. 성인이 되어 사회생활을 하다 보면 곳곳에서 이런 문제 행동을 발견하는데, 어린 시절에 생긴 좋지 못한 생각과 행동의 습관이 원인일 수 있다.

학교에서 가정으로 돌아온 아이에게 학교에서 어떤 일이 있었는지 물어보고 '왜' 그렇게 생각하는지 질문하는 것이 학부모의 훌륭한 훈육에 속한다. 여기서 부모의 생각이나 의견을 삽입하지 말고 순수하게 아이의 생각만을 이어가도록 해야 한다. 그리고 아이가 스스로 결론을 내린 다음에 부모의 의견을 말하면 아이는 경청, 소통, 종합 판단력이 생기기 시작한다.

> **읽고 듣기 연습이 사고력을 키워준다.**

체계적이고 합리적인 사고력을 기르는 가장 좋은 방법은 책을 읽고 생각해서 종합 정리하는 것이다. 빨리 읽어가는 속독보다 꼭꼭 씹어가면서 읽는 정독을 추천한다. 책은 상당한 양의 지식과 경험을 농축해서 기록한 것이다. 그런데 주의 사항이 있다. 생각 없이 읽어가면 글자 읽기 연습만 하게 된다. 단어의 뜻과 문장의 뜻을 합쳐서 문맥을 이해하며 읽는 연습이 쌓이면, 글이 아닌 말로 상대방의 설명을 들었을 때 전체 내용을 빨리 이해할 수 있다.

미국의 교육철학자 듀이(J. Dewey, 1859~1952)는 학생들에게 깊이 있는 경험(undergoing experience)을 연습하도록 강조했다. 학생이 한 주제에 오래 머무르면서 생각을 깊이 있게 하는 경험이 쌓이면 생각에 이어지는 행동이 훌륭해질 수 있다는 이론이다.

오랫동안 학생을 가르치면서 깨달은 공부의 지름길이 있다면 이것도 추가할 수 있다. 경쟁률이 높은 중등 임용시험에 단번에 합격하는 학생들을 살펴보니, 상대방의 말귀나 글귀를 찰떡같이 알아듣고 자신이 생각하는 것을 찰떡같이 잘 표현하는 학생이었다. 집중과 몰입, 경청과 문장 표현력이 뛰어났다. 다시 요약하면 분석력과 판단력이었다.

혼자 디지털로 학습할 때, 주제가 무엇이고 어떤 내용인지 5분 정도 자신이 알고 있던 지식과 정보를 기억해 본 다음에 학습 내용이 되는 동영상이나 자료를 보면 분석적 사고력이 높아진다. 자신의 머릿속에 있는 관련 선수 지식이나 배경지식을 확인해서 새로운 지식과 합체하는 조율 과정이다. 예를 들어, 무심코 시청하게 되는 유튜브 방송을 한번 생각해 보자. 유명 유튜버가 자신만 알고 있는 내용이라고 강조하면 시청자는 무의식적으로 믿고 따라간다. 그런데 잠시, 자신이 알고 있던 내용과 비교해 볼 필요가 있다. 만약 그 주제에 문외한이라면 다른 의견의 유튜브 방송을 시청한 후에 정반합으로 자신의 결론을 내리면 섣부른 판단으로 인한 혹시 모를 피해를 예방할 수 있다.

>
> **글자와 동영상 정보는 상호 보완해야 효과적이다.**

디지털 학습 후 주제에 대한 왜곡이나 편파적 견해가 생기는 이유는 각기 다른 배경지식을 객관적이고 합리적으로 조율하지 못해서이다. 학습자가 한 방향으로 지식과 정보를 계속해서 축적하면 다른 방향의 객관적인 시각에 집중하지 못한다. 자신이 생각하는 내용이 합리적인지 성찰하는 기회 없이 지속해서 이미 알고 있는 내용으로 편하게 정보를 수집하면 사고력의 왜곡이 심해진다. 유튜브가 주는 큰 단점 중의 하나이다. 이것은 일찌감치 학령기 학생 시기부터 주의해야 할 점이다.

인쇄물의 활자가 우리에게 주는 유익한 점은 생각을 많이 하게 하는 것이다. 상상하고, 유추하고, 원인을 분석해 보는 능력이 생긴다. 반면에 그림, 사진, 동영상에서 보여주는 이미지는 이미 구체화 된 것으로 우리는 이것을 그대로 흡수하고 받아들이게 된다. 더 이상의 창의적인 상상력을 덧붙이기가 어려울 수 있다. 그래서 인쇄가 가능한 활자로 된 내용을 접하는 연습이 필요하다. 글을 정독하는 행위는 상상력이 요구되는 활동이라 생각하는 힘이 강해진다.

예를 들어, 셰익스피어의 작품이 영화나 뮤지컬로 일단 만들어지면 그 다음 작품을 업그레이드하는 것은 매우 어려운 일이다. 관객들이 영화나 뮤지컬을 통해 셰익스피어의 작품을 이미 구체적인 이미지로 두뇌에 저장했기 때문에, 다음 작품에서 재해석의 과제가 남는 것이다. 그래서 우수한 작품은 책을 먼저 보고 영화나 뮤지컬을 나중에 보라고 추천한다.

따라서 동영상 학습자료는 글자와 함께 제공되는 것이 효과적이다. 멀티미디어 디지털 정보에 익숙한 학생들에게 읽고 쓰고 말하기 연습을 더욱 강조하는 이유에는 이런 배경이 있다. 글자에 대한 문해력이 없이 창의력이 나오기 어렵다. 일반적으로 소리와 그림으로 표현하는 음악작품과 미술작품을 이해하는데, 작품의 이해를 돕기위해 말이나 글로 된 작품 설명을 덧붙인다. 사고력의 바탕은 글자에 있기 때문이다. 독서와 토론의 힘이 미래의 인재 경쟁력에도 중요한 기본기가 된다.

PART 6 디지털 학습자의 자기관리 능력

03
시간 관리와 자기관리 능력의 관계성

시간의 효율적 관리는 성찰에서 나온다.

성찰이라는 단어를 이 책에서 여러 번 강조했었다. 학교 교사들은 성찰이라는 단어를 자주 사용한다. 국어사전에 보면 성찰은 자기의 마음을 반성하고 살핀다는 뜻이다. 수업 활동에서 학생이 스스로 무엇을 잘하고 잘못했는지 성찰의 과정을 통해 반성하고, 다음 수업에 반영하면 목표 달성이 빨라진다. 이런 경험을 반복해서 연습하면 학생은 평생 자기관리를 잘하게 된다. 쉬운 말로 오답 처리라고 보면 된다.

예비 교사는 수업을 어떻게 운영할지 설계하는 교수 학습지도안 작성 방법을 배운다. 이 과정에서 수업을 직접 시연하고 동료 친구들과 교수의 모니터링을 통해 자신의 수업 능력에 대한 성찰의 시간을 갖는다. 내가 무엇을 잘했고 잘못했는지, 무엇을 개선하면 더 좋은 수업을 할 수 있는지 검토하는 시간이다. 몇 번을 반복하면서 연습하다 보면 실력이 상당히 향상된다. 교사는 이런 과정을 통해 교사로 임용되기 전에 자기관리 능력을 발전시킨다.

초중고 학생들도 수업 활동에 성찰 과정이 포함된다. 학생 스스로 자신의 학습 활동을 돌아보고 무엇을 고치면 더 좋아지는지 살펴본다. 이런 경험이 쌓이면 분석적 사고력과 종합 판단력이 놀랍게 발전된다. 자기관리의 달인이 될 수 있다. 빠르면 빠를수록 교육의 효과가 높아지고, 교육에 투입되는 비용 효율성이 향상된다.

디지털 학습에서 자기성찰의 경험이 부족하면 학습 목표를 달성하기 어려운 결과로 귀결될 수 있다. 쉬운 예로 공부하는 중인데도 불구하고 갑자기 학습 주제와 상관없는 다른 주제에 호기심이 생겨서 인터넷 바다에서 헤매다가 본질을 잃어버리게 된다. 다른 예로 학생들이 종종 게임으로 머리 식힌다고 하다가 쉽게 빠져나오지 못하는 경우이기도 하다.

성찰에 대한 좋은 경험과 습관이 있으면 학습 과정에서 길을 잃을 때 '내가 지금 어디에 있지'하고 바로 빠져나올 수 있다. 학교에서 공부를 잘하는 학생들이 대부분 자신을 잘 성찰하는 학생들이다. 성인도 마찬가지이다. 어른이 되어 자신을 돌아보고 개선점을 찾아내는 좋은 습관이 쌓인 사람들은 직장이나 사회생활에서 좋은 결과를 가져온다. 그리고 결과로 시간 효율성이 높아지게 된다. 쓸데없이 버리는 시간을 줄이고 목표에 빨리 도달할 수 있다.

> **기록하는 습관은 경쟁력을 높인다.**

디지털로 오랜 기간 대학이나 대학원 학위과정을 공부한다면, 매시간 수업 내용을 키워드로 요약해서 정리하라고 추천하고 싶다. 사람들이 비대면 디지털로 학습하는 것이 편하다고 느끼는 이유는 다른 사람의 방해 없이 편하게 화면만 구경할 수 있기 때문이다. 구경꾼이 되면 생각과 행동의 자유도가 높아진다. 집중도와 긴장도가 낮아질 수 있는데, 이것은 학습 성취도를 떨어뜨리는 지름길이다. 결과로 크게 얻은 수확도 없이 시간만 낭비할 수 있다.

가장 효과적인 학습 과정은 매 순간 집중해서 무엇이 왜 그런지 생각해서 기록하는 활동이다. TV나 영화 보듯이 뜨문뜨문 짧게 집중하면 기억에 남는 것이 없다. 학교를 십여 년 이상 다닌 학생들이 학창 시절을 돌이켜 생각할 때 배운 것 없다고 느끼는 이유는 배운 내용의 핵심 단어를 찾아내거나 설명할 수 없어서다.

학습할 때 집중해서 기록하고 확인하며 기억해 내는 노력의 과정이 생략되거나 흐릿하면, 우리의 뇌 구조 안에 학습한 내용은 명확하게 기록되지 않는다. 망각의 원리에 따라 일정 기간이 지나면 자동 삭제된다. 배운 것 같은데 뭔가를 정확하게 설명할 수 없어서 스스로 공부를 못한 학생으로 판정내린다. 자신의 타고난 능력이나 부모 탓이 아니라 잘못된 자신의 공부 습관 탓이다.

기록의 습관을 잘 축적하면 사회생활에서 상당히 생산적인 결과물을 만들 수 있다. 상황을 기록할 때 문장으로 만드는 사람도 있고, 그림이나 맵핑, 키워드 나열 등 여러 가지 방법을 활용한다. 자신에게 맞는 방법을 찾는 것이 가장 효과적인데, 시간 낭비가 되면 의미가 없어진다. 요약 정리하는 시간을 너무 소비하면 주객이 전도되는 현상이 생긴다.

또 흘러가는 시간 내에 기록하고 기억구조 속에 남길 정보로 만들기 위해서는 자신만의 기록 방법을 고안해야 한다. 디지털 기기를 활용하거나 스마트폰으로 기록하는 습관을 들이면 시간 효율을 가져올 수 있다. 자신만의 방법을 여러 번 반복하면 정리의 달인이 될 수 있다. 새로운 지식이나 경험이 생길 때 가치판단도 빨라지고, 중요한 정보를 어떻게 오랫동안 기억할지 정보 가치 분석력도 생긴다. 처음에 어려워도 반복하면 쉬워진다.

> **능력 향상에는 시간 절약의 X축과 노력의 상수가 필요하다.**

디지털의 세계는 현실의 세계보다 시간을 빠르거나 느리게 진행할 수 있다. 동영상에서는 사람들의 일거수일투족을 편집해서 시간을 잡아당기거나 농축시킨다. 시청자가 정신을 차리지 않으면 제작 의도에 휘말린다. 영화가 대표적이다. 그런데 우리가 사는 세상은 현실이고 현실은 시간을 자를 수도 편집할 수도 없다.

그래서 디지털의 세계에서는 현실만큼 다양한 감각을 활용해 상대와 직접적 교감, 공감의 시간을 경험하는데 제약이 있다. 예를 들어, 말없이도 상대의 표정으로 상황을 파악하기, 내가 치고 들어가서 대화할 기회를 찾아내기, 말보다 침묵이 나을지 판단하기 등이다. 현실에서 경험이 많을수록 정확한 상황판단이 빨라지고 따라서 시간도 절약된다. 그리고 이것은 사회생활에 매우 중요한 능력으로 돌아온다. 출퇴근하는 직장인들이 스트레스를 많이 받는 이유가 업무 자체보다 사람과의 관계성이라고 하는데, 사람과의 실시간 상호작용이 공동체 생활에서는 매우 중요하다.

공감과 경청의 능력은 실습과 연습의 결과로 높아진다. 디지털로 이런 연습을 충분히 하려면 기술의 힘을 빌리면 된다. 현실의 사람들이 디지털 안으로 들어와서 행동할 수 있는 메타버스, 정서적 이해와 상호작용을 위해 만들어진 AR(Augmented Reality), VR(Virtual Reality)의 활용은 공감 능력을 키워줄 수 있는 좋은 방법이다. 하지만 다양한 변수가 포함된 현실만큼은 아니고 대체적인 수단으로는 효과적인 편이다.

능력을 향상하는 데 시간과 함께 전적으로 필요한 요소는 노력이라는 상수다. Y 축의 능력은 시간 관리에 따라 비례하지만, 성실도를 포함하는 노력 상수 α가 결과를 좌지우지할 수 있다. 즉, 능력 향상의 성과를 상수인 노력의 기울기로 변화할 수 있다는 의미이다. 디지털 학습은 시간 관리 측면에서 장점이 있는 반면에, 노력의 상수를 흐지부지 없앨 수도 있어 주의해야 한다. 노력하는 행동과 그에 따른 결과는 자신에 대한 분석적인 성찰 습관으로 얼마든지 높일 수 있다.

PART 6 디지털 학습자의 자기관리 능력

04
디지털 학습의 효율적 시간 관리

학습 효율성에 시간과 장소를 활용한다.

학교 공부가 어려운 이유는 시간이 정해져 있어서 쫓기듯이 공부하고 몰아붙이듯이 시험도 봐야 해서다. 편한 시간에 나의 속도대로 공부하고 평가의 부담도 없다면 스트레스를 받을 이유가 없다. 나이 들어 취미 삼아 긴 시간을 뜨문뜨문 공부하면 기억에 남는 것이 없어서 누가 물어봐도 잘 설명하지 못한다. 기억 재생을 위한 몰입과 반복 연습이 되지 않아서 남는 것이 없게 된다.

반면, 학교 다니는 학생들은 하루 대부분 시간을 공부하는데 보내기 때문에 공부의 밀도는 높은 편이다. 제대로 공부 방법을 터득했다면 처음 보는 새로운 개념 학습에 속도와 가속도의 원칙이 적용될 수 있다. 배운 내용을 이해해서 설명할 수 있는 기본 능력이 되어 있다는 말이고 또 다른 새것을 학습하는데도 효율성이 있다는 의미다. 그런데, 어쩌다 한 번 마음잡고 공부하려면 안되는 이유는, 공부에 대한 기본 속도가 없는 상태라서 가속이 붙을 때 까지 시간이 오래 걸리기 때문이다.

인지과학 분야의 전문 서적인 [Make it Stick]에서 저자인 Peter Brown과 동료들은 기억력을 높이는데 분산된 반복 학습(Spaced Repetition Learning)을 설명한다. 효율성 있는 학습을 위해 주제와 관련된 여러 정보를 동시에 학습하는 자료 분산 전략이 중요하다고 한다. 관련된 여러 자료를 반복해서 공부하면 깊이와 넓이가 생긴다.

또한, 그 책에서는 공간 분산 전략을 추천하는데, 공간의 다양성을 가지면서 학습하면 한 장소에 박힌 이미지에서 벗어나 학습 내용의 중요성에 초점을 맞출 수 있다고 한다. 이것은 디지털 학습의 장점을 살릴 수 있는 매우 유용한 내용이 된다. 디지털 기술을 활용하면 여러 관련 자료를 동시에 접할 수 있으며, 화면 속에서 다양한 공간의 경험도 가능하다. 다만 샛길로 빠져서 원래의 주제로 돌아오지 못하면 부작용이 날 수 있어 조심해야 한다.

반복 연습이 학습에 중요하다는 것은 기정사실이다. 많은 연구 결과가 증명해 준다. 하지만 어떤 방법으로 반복 연습해야 하는지는 요령이 필요하다. 시간 간격을 두고 간헐적으로 연습하고 심화 내용의 자료를 조금씩 추가해서 공부하면 짧은 시간에 상당히 깊이 있는 지식을 쌓을 수 있다.

디지털 학습은 시간과 공간의 자유로움이 최대의 장점이라고 했다. 원하는 시간에 반복 학습이 가능하고, 장소를 이동하면서 공부할 수 있다. 우리는 외출 시 스마트폰과 블루투스를 이용해서 시청각 정보를 수신하는 사람들을 많이 목격한다. 물론 그들이 모두 학습하고 있지는 않겠지만 목표가 뚜렷한 사람들은 얼마든지 디지털 학습의 최대 장점을 살려서 소기의 목적을 달성할 수 있다. 다만, 노력의 상수가 성과의 핵심 요소가 된다는 것을 항상 기억해야 한다.

> **오로지 학습에만 집중한 시간을 분석해 보자.**

새로운 지식을 학습할 때 속도가 빠른 사람이 있다. 흡수력, 이해력, 응용력이 모두 좋다. 찬찬히 살펴보면 집중과 몰입의 에너지가 좋은 사람이다. 익히 아는 사실이지만 우리는 망각의 원리를 매일 느끼며 살아간다. 보고 들은 정보를 바로 잊어버리고 나이 탓을 하기도 한다. 반복 연습을 통해 기억을 재생하면 되지만 실천하지 못한다. 생각과 행동을 뒤돌아보고 수정했던 기회가 부족해 좋은 습관으로 붙여놓지 못한 탓이다.

우리는 어쩌다 높은 학습 속도를 가지고 훌륭한 인간성 및 사회성, 거기다가 전문 분야의 성륜까지 갖춘 사람을 만나면, 좋은 환경에서 성장한 금수저나 은수저 출신이라고 생각하게 된다. 그런데 환경이 아무리 좋아도 오랫동안 연습해서 습관으로 만들지 않으면 일상에서 훌륭한 행동이 나오지 못한다. 사람의 여러 행동 중에서 으뜸은 성찰을 통해 자기를 관리하는 습관이다. 그리고 으뜸 중의 최고 으뜸은 시간을 효율적으로 관리하는 것이다.

대학생들을 관찰하면 과제물 완성에 걸리는 소요 시간이 제각각이다. 걱정만 하다가 완성 못 하는 학생들도 있고, 짧은 시간에 완성하는 놀라운 학생들도 있다. 초중등 학교생활에서 학습에 필요한 소요 시간을 잘 관리해 온 학생들은 대학에 와서 많은 성과를 낼 수 있다. 그리고 원하는 곳에 취업해서 사회생활에도 놀랍게 잘 적응하는 것을 볼 수 있다. 뛰어난 집중력을 가지고 내적 동기화가 잘 된 사람들이다.

> **시간과 에너지 효율이 학습성과를 결정한다.**

일반 초등학교의 수업 시간은 40분, 중학교 45분, 고등학교 50분 단위로 운영된다. 학교는 과목마다 40분에서 50분 수업하고 10분 쉰다. 대학은 50분, 90분 혹은 120분 연장 수업하기도 한다. 사람마다 다르지만, 평균 집중 시간을 약 30분 정도로 잡는다. 때에 따라 몇 시간 혹은 하루 이틀 정도 집중해서 몰입하면 많은 양의 공부나 업무를 할 수 있지만, 오랫동안 유지하지 못한다. 쉬지 않고 집중해서 일하면 뇌를 빨리 지치게 만들어 장기적으로 비효율적이다.

집중력이 높은 학생들은 학습 속도가 빠르다. 집중에 방해되는 요소를 제거하고 집중하는 요령이 있는 것을 보면 오랜 연습의 결과일 것이다. 시끄러운 음악, 먹을 음식, 재미있는 놀이용 동영상, 잡담용 메신저, 번잡한 환경 등은 집중이 필요한 일을 방해하는 요소들이다. 중요하게 해야 할 공부나 업무가 있다면 이런 비생산적인 곳에 에너지를 뺏기지 말아야 한다.

비생산적인 곳으로 에너지를 분산시켜 버리면 고차원적인 사고력에 필요한 에너지가 모자라서 효율성이 낮아진다. 낮은 효율성의 에너지로는 종합 분석과 판단이 필요한 상위단계 사고력으로 올라가지 못하고 개념만 겨우 이해하는 정도의 하위단계 사고력에 머물다가 그치게 된다. 고로 나중에 학습을 처음부터 다시 시작하게 되어 결과로는 전체 시간이 몇 배로 걸리는 저조한 시간 효율성이 나타난다. 오랜 시간 시험을 준비하는 입시생이나 취준생이 이렇게 분산되는 에너지와 흘러가는 시간을 잡지 못해 장수생이라는 오명이 생기는 원인이 된다.

디지털 학습은 자기 주도적 학습 능력이 기본이라 시간과 에너지 효율을 잘 관리해야 한다. 스스로 학습 시간을 정하고, 그 시간 안에 내용 이해와 더불어 분석하고 판단하는 종합사고력이 올라가도록 집중해 연습해야 한다. 몇 번 연습해 보면 시간이 단축되고 에너지 효율도 높아진다. 여러 개의 주제를 30분 단위로 쪼개서 동시에 멀티태스킹하는 훈련도 유효하다. 결과로 학습이나 업무 성과에 경쟁력이 높아진다.

초등학교부터 대학교까지 인재상과 교육목표로 삼고 있는 창의적이고 융합적인 인재란 분석력과 종합 판단력의 고차원적 사고력이 원활한 인재를 의미한다. 이를 위해 학생들은 학습 과정에서 시간과 에너지를 효율적으로 사용해 의도한 최상의 결과물을 만들도록 반복해서 연습해야 한다. 학생들을 도와줄 선생님이나 튜터, 기계적 혹은 물리적 환경

지원도 당연히 시간과 에너지 효율을 추구해야 한다. 창의 융합적인 인재가 국가경쟁력이라고 본다면 더욱 그렇다.

7장
교육의 미래와 디지털 러닝

01. 아날로그식 교육과 디지털 문화의 통합시대
02. 디지털 AI 러닝 시대를 위한 생각의 대전환
03. AI 사회에서 필요한 최고 능력자
04. AI 사회가 기대하는 학교 교육
05. 의미 있는 배움의 조건

01
아날로그식 교육과 디지털 문화의 통합시대

> **아날로그의 장점을 다시 새겨보자.**

사람이 학교에서 오랜 기간 교육받는 근본 목적 중의 하나는 좋은 일자리를 잡는 것이다. 과거의 지식과 경험을 바탕으로 구성된 학교 교육과정은 변화무쌍한 미래 사회를 반영하는데 분명한 한계점이 있다. 초등과 중등학교의 의무교육 기간을 거쳐 대학에 가면 시대 사회적인 미래 변화를 직접 눈으로 보고 실험해 볼 수 있다. 하지만, 대학 교육도 실제 산업 현장보다는 변화 속도가 느리다. 현장은 살아남기 위해 수요자의 요구를 시시각각 분석해서 기술을 개발하고 끊임없이 신상품을 개발한다.

현장을 파악하기 위해서는 현장이 돌아가는 모습을 직접 경험하고 체험해야 한다. 할 수 있다면 오감을 활용해야 한다. 직접 눈으로 보고 냄새 맡고, 귀로 들어보고 손으로 만져보고 맛도 봐야 실체를 파악할 수 있다. 그렇게 하면 새로운 아이디어가 떠오르고 무엇을 어떻게 연구해서 신상품을 개발해야겠다는 생각이 들 것이다. 여기에서 창의력과 융합적 사고가 나오게 된다. 매우 유용한 아날로그식의 접근이지만 우리의 인지 구조가 돌아가는 원리이기도 하다. 디지털 시대지만 그림으로 된 음식을 먹을 수 없는 것과 같다.

사람의 욕구는 크게 생존에 필요한 것을 채우는 결핍 욕구(deficiency needs)와 이성과 감성을 채워가는 성장 욕구(growth needs)로 나눌 수 있다고 한다. 미국의 심리학자인 매슬로우(Abraham Harold Maslow, 1908~1970)는 사람이 태어나서 생존 및 안전에 대한 욕구, 공동체에 소속되는 욕구 충족이 채워지고 나면 인간 능력의 한계에 도전하는 성장 욕구로 올라간다고 한다.

우리가 오랜 시간 열정을 가지고 배우며 새로운 것에 도전하는 것은 인간의 타고난 성장 욕구인 셈이다. 그런데, 생존에 기본적인 욕구가 충족되지 못하면 성장 욕구는 추구하기 어렵다. 예를 들면, 인간 생존에 필요한 최소한의 욕구 충족이 안 되는 최빈국 아이들이 학교에 가서 굶주린 채로 하루 종일 공부하는 것은 현실적으로 힘든 일이다.

현재 우리나라 학교 교실에서도 가정 경제 상황, 정서적 그리고 정신적인 문제 등의 이유로 성장 욕구 충족에 필요한 동기화가 되지 않는 학생 사례가 생각보다 많다. 상담과 보살핌이 필요하지만, 발견하는 것 그리고 발견해서 치유할 기회를 찾는 것이 어렵다. 자칫 시간을 놓치면 나중에 사회적 문제로 확대될 수 있어 조심스럽기도 하다.

특히 얼굴 맞대는 대면이라면 쉽게 해결되던 작은 문제점이 비대면이 대세인 디지털 환경에서 큰 문제로 확대될 가능성은 충분하다. 촉법

소년 범죄, 청소년 범죄 등 최근 사건 사고들은 대부분 디지털을 배경으로 발생한다. 태어나서부터 디지털을 경험한 청소년들은 건강하게 성장할 수 있는 주변 환경, 정서적 안정, 바람직한 생활 관리가 될 수 있도록 가정과 학교 주변에서 지원해야 한다. 눈으로 행동을 확인하면서 지도하는 방식은 확실히 아날로그식 교육이 갖는 강점이라서, 디지털 시대에도 참고해야 한다.

> **디지털 시대에 이웃과 협력은 최고의 개인기다.**

어린아이를 보육하는 과정에서 보호자는 아이에게 혼잣말을 많이 해준다. 어린아이는 어른의 말을 따라 하고 말문이 트이면 폭풍 질문을 쏟는다. 스위스 심리학자인 피아제에 의하면 태어나서 11세 전후까지 감각운동기와 전조작기, 구체적 조작기를 거치는 동안 아이는 자신과 주변과의 관계성을 파악한다고 한다. 나중에 주변 사람들과의 배려와 나눔, 협력과 조화를 이루는 기본 소양이 충분한 인재가 될 수 있다.

어린아이 옆에서 누가 어떤 지도를 하는가에 따라 아이의 미래를 위한 기초공사가 진행된다고 볼 수 있다. 기초가 튼튼하면 사회성이 좋은 성인으로 성장하게 된다. 디지털 사회에서 사회성은 더욱 중요도가 높아졌다. 아이러니하지만 디지털 사회와 문화에서는 혼자 공부하고 업무를 처리할 때보다, 협력과 네트워크의 힘을 활용하라고 권장한다. 이유는 디지털 기술의 장점을 이용해 세계를 빠르고 정확하게 연결하는 비즈니스의 네트워크화로 더욱 탄탄한 협력 관계를 원하기 때문이다.

사람도 비즈니스도 네트워크가 중요해졌다.

인성과 사회성은 정의적 영역의 교육에서 중요한 항목이다. 특히 학생들은 서로 협력하고 배려하는 수업 활동을 통해 인성 및 감성을 풍부하게 개발할 수 있다. 얼굴을 맞대는 실전 경험과 체험을 강조하는 이유도 이런 것이다. 유치원에 가면 원생들이 서로 사이좋게 지낼 수 있도록 지도하고 예절과 질서를 가르친다. 유치원 교사들이 고마움과 미안함을 수시로 말하고 표현하게 가르치는데 좋은 습관을 위해 매우 고마운 일이다.

나이가 들면서 고마움과 미안함에 대한 표현을 디지털 이모티콘으로 대신하는 경우가 많다. 직장생활에서는 말로 전달할 것과 반드시 글로 남겨서 소통할 것을 구분한다. 디지털에서 업무를 처리하거나 혹은 학습할 때 유념할 것은 누군가에게 자신의 모습이 전달된다는 것이다. 사회성의 기초는 내가 남에게 영향력을 행사한다는 것인데, 선한 영향력으로 전달되도록 조심해야 한다. 최근 학교 수업에서 학생들이 그룹 형태의 모둠식 수업 활동을 많이 하는 이유는 디지털 사회에 더 필요한 사회성을 신장하라는 이유이기도 하다.

> **아날로그식 동기 전략이 디지털의 교육 성과를 높여준다.**

미래 사회에 필요한 역량 중 근본이 되는 것은 스스로 찾아다니는 자기 주도성이고, 자기 주도성의 근본은 내적 동기를 지속하는 것이라고 이 책에서 이미 강조했다. 끈기, 열정, 몰입과 같은 단어로 표현할 수 있는 자기 주도성은 목표가 뚜렷할 때 잘 드러난다.

디지털 학습은 목표가 흔들리기 쉬운 단점이 있다. 시청각 자료의 구체성으로 인해 오히려 소기의 목표 달성을 일찍 달성하거나, 아예 뜬금없는 새로운 목표를 지향하도록 판을 키울 수 있어서 조심해야 한다. 애초 계획과 목표가 무엇이었는지 자주 돌아보고 확인해야 한다.

내적 동기에 대한 것으로 돌아가 보자. 학교 교실에서 시험을 보고 상대평가를 해서 등급을 나누는 것은 열등감과 사기 저하를 가져올 수 있는 단점이 있다. 반면에 내적 동기가 강화되는 기회가 될 수도 있다. 동료들에게 으쓱하는 마음과 더 잘하고 싶은 욕구가 그런 것이다. 이것을 그대로 비대면의 디지털 안으로 가져오면 별반 느낌이 없게 된다. 혼자서 공부하기 때문에 딱히 누구와 비교할 필요가 없어진다. 그래서 자신의 내적 동기를 수시로 확인해야 한다. 아직도 나는 이것을 원하고 있는지, 그 사이 마음이 변했는지 더 강해졌는지 확인하면서 나아가면 성과 달성에 도움이 된다. 이것도 성찰하는 과정이다.

개별 학습이 중요한 디지털 학습에서도 다수가 모인 장면에서 학습과정이나 결과를 칭찬하고 보상하면 아날로그식 내적 동기가 강화될 수 있다. 모두 함께 모이는 별도의 시간과 공간을 마련하고, 진행과 운영에 약간의 노력이 요구되는데 효과는 매우 좋다. 디지털 문화의 성숙기를 향해 달리는 시점에서 이런 활동은 많아야 한다. 개별 학습자에게 맞춤형으로 성취할 목표 설정, 목표 달성, 긍정적 강화, 학습 동기 지속, 역량 강화로 이어지는 디지털 학습의 선순환이 이루어질 수 있다.

종합하면 공부할 내용은 디지털을 활용하지만, 공부의 과정과 방법은 아날로그식과 병행하는 하이브리드 패턴이 효과적이다. 개별 학습자가 이렇게 진행하기 어려우면 튜터를 활용한다. 사람 튜터의 개입이 어려우면 AI 휴먼 튜터를 활용할 수도 있다. 현재도 강사 역할을 AI 휴먼이 대체하기 때문에 그다지 어려운 일이 아니다. 다만, 프로그램 설계에서 너무 기계처럼 보이지 않도록 학습자에게 공감이 될 수 있을 정도의 인간적인 세밀함은 요구된다.

PART 7 교육의 미래와 디지털 러닝

02
디지털 AI 러닝 시대를 위한 생각의 대전환

> **디지털 대전환의 결과는 생각 뒤집기에 달려있다.**

디지털 기술은 수십 년 동안 교육에 활용되고 있다. 인터넷 확산의 초창기부터 교육적 활용은 시작되었다. 초기에는 영어와 수학처럼 수요가 많은 교과에서 반복 학습용으로 사용되었다. 그리고 비용 절감이 중요한 기업이나 산업체 연수 교육과정에 이 러닝이 도입되면서 더욱 확장되었다. 최근에는 대학입시, 각종 고시 준비, 자격증 시험, 재취업 시장에 인강(인터넷 강의)이 핵심이 되고 있다.

AI 발전도 인터넷 확산의 흐름과 비슷할 것이다. 가장 큰 관심은 비용 절감이다. 미래 사회는 지금보다 디지털과 AI가 더욱 확산할 것이고, 교육에 적용과 활용 범위는 커질 것이다. 사람들은 학교까지 이동하는 시간과 비용을 줄일 수 있고, 생성형 AI로 내가 원하는 교육 내용을 내가 원하는 시간과 장소에서 선택해 공부할 수 있다. 규모의 경제 효과는 더 커질 수 있다.

앞으로 일반 사회생활에 필요한 능력의 차이, 정서 격차, 디지털 인재들의 역량 편차는 점점 커지게 된다. 교육에서 비용은 핵심 요소로서 지역 간 계층 간의 교육 불균형을 초래하는 원인이기도 하다. 최신 기술을 활용할 수 있는 사람과 없는 사람, 기술을 만들어내는 사람과 그 기술이 무엇인지도 모르는 사람 사이에 격차가 상상 이상으로 커질 것이다. 결과적으로 직업의 세계가 달라지고 그에 따라 삶의 방식에서도 격차가 넓어질 것이다.

보통 가던 길을 갑자기 뒤돌아서 반대 길로 가는 경우는 아주 드물다. 정확한 판단이 서야 가던 길을 180도로 바꿀 수 있다. 대면 위주의 교육 시스템에서 비대면이 대안으로 떠오른 것이 코로나 시국의 비상 상황이었고, 가능성을 실험할 좋은 기회였다. 하지만 한번 돌린 방향을 다시 돌리기에는 또 다른 기막힌 환경변수가 생기기 전에는 어렵다. 다시 말해 디지털 비대면 교육이나 업무 환경의 추세는 이전 세상으로 돌아가기 어려울 것이다. 옆의 그래프는 최근에 조사된 디지털 업무 환경에 대한 변화와 인식을 보여 준다.

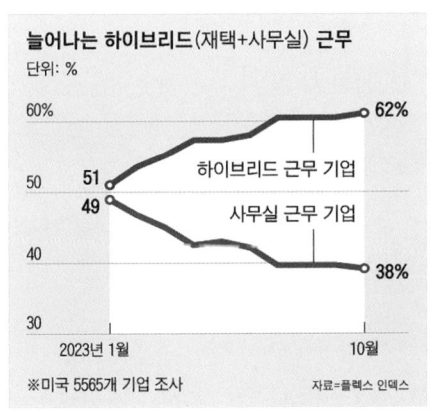

출처 | 조선비즈{"한국 저출산·출퇴근 전쟁, 하이브리드 근무가 답이다"} 2023. 12. 24
재인용 | https://www.chosun.com/economy/weeklybiz/2023/12/21/MBTOP4YFX5DOVHC7ZKWOGRJVQ/

디지털 활용 교육이 추구하는 성과는 기존 대면 교육에서는 노력해도 쉽게 달성하지 못했던 것들이다. 예를 들어 개인 학생들의 내적 동기 강화, 이러저러한 환경을 고려한 개별 맞춤형 학습, 다양하고 접근이 어려운 간접 경험과 체험 활동의 제공이다. 핵심은 이런 것들을 일회성으로 반짝해서 시도하지 말고, 생각을 완전히 뒤집어 성과가 나올 수 있도록 에너지, 비용, 시간의 삼박자를 꾸준히 맞추어 보는 것이다. 교육은 느리게 결과가 도출되는 분야이고, 방향이 맞으면 꾸준함이 그 무엇보다 최고의 상수가 될 수 있다. 방향이 무엇인지는 더 이상 의심할 필요가 없다. 디지털 대전환이 이미 진행 중이다.

> **디지털적 사고의 핵심은 데이터에 기반을 둔다.**

우리나라는 2023년 OECD에서 발표한 디지털 정부 평가(Digital Government Index)에서 1위를 달성했다. 코로나 시기를 거치면서 국가 주도로 전 국민이 스마트폰 문자 활용을 연습한 결과일 것이다. 그런데 개인별 디지털 문해력은 격차가 있다.

스위스의 IMD(International Institute for Management Development)에서 발표한 2023년 기준 디지털 창의력 지수(Digital Creativity Index)에서 우리나라는 6위를 했다. 세부 지표에서 미래 준비도는 1위인데 기술력과 지식 부분이 10위권 밖이다. 교육과 훈련이 필요한 영역이라 시간이 오래 걸린다.

전체 1위는 미국으로 지식이 2위 기술이 6위이다. 전체 2위 국가는 네덜란드, 3위 싱가포르, 4위 덴마크, 6위 스위스가 우리나라보다 위에 있는 국가들이다. 기술력 1위는 싱가포르이고 지식 분야 1위는 스위스로 우리가 배울 점을 분석해 볼 필요가 있을 것이다.

디지털식 생각의 방법은 기존 아날로그식 생각과 무엇이 크게 다를까. 가장 큰 차이점은 데이터에 기반을 두고 분석적 절차를 통해 결론을 도출한다는 것이다. 우리가 빅데이터의 가치를 언급하는 이유이다. 데이터가 쌓이고 분류가 잘 되면 사람들의 인식과 행동의 차이를 발견할 수 있다. 선거를 앞두고 전 국민의 의견을 세대별, 지역별, 직업별로 분석해 보는 것이 좋은 사례이다.

사회 곳곳에서 축적된 디지털 데이터는 미래 사회에서 우리가 어떤 계획을 세우고, 어떤 방향으로 인식을 전환해야 하는지 나침판이 되어 준다. 교육도 마찬가지이다. 알파 세대라고 부르는 청소년들이 어떻게 성장해서 무엇에 관심을 두고, 어떤 일을 하면서 사회생활을 할 것인지 세밀하게 분석해야 한다.

전통과 관습이 중요한 베이비붐 세대의 사고와 인식이 디지털 세대와 충돌하는 것은 지극히 정상이다. 디지털 세대 젊은이들은 뜬금없는 주장이 아니라 데이터를 기반으로 설명해야 이해한다. 그리고 그것이 합리적이고 논리적이다. 좀 더 나가면 우리라는 개념보다 '나'를 대표하는 개인이 더더욱 중요하다. 약간 염려가 앞서긴 하지만, 하여간 미래는 디지털 알파 세대가 핵심 세력이다.

> **학생보다는 교사, 교사보다는 학부모의 생각이 세상을 바꾼다.**

10대와 20대는 놀 듯이 공부하고 공부하듯이 논다. 일상을 디지털 위에서 살아와서 그런 행동이 자연스럽다. 앞으로 교육환경은 지금보다 더 AI 학습으로 전환되고, 학생들은 자신이 우주의 기둥이라 생각하고 그렇게 행동하게 된다. 교육에서 '모름지기'란 단어는 통하지 않게 되고 있다. 기존의 단체 중심 교육환경이 개인 위주로 대대적인 전환기에 들어섰다.

학교의 3주체를 학생, 교사, 학부모라고 분류하지만, 그 무엇보다 핵심은 학생이다. 학생이 존재해야 교사가 업무를 하고, 학부모도 학교에 관심을 두는 것이다. 교사가 되는 과정에서 예비 교사들은 학생들에게 무엇을 어떻게 가르치고 지도해야 하는지 배우고 시험 본다. 교사로 발령받으면 때에 맞추어 여러 연수를 받는다. 핵심은 누구보다 학생을 더 잘 가르치고, 더 잘 지도하기 위한 것이다.

학생들은 성장하고 있는 개별적인 객체이기 때문에 이들을 한꺼번에 같은 속도로 변화시키기는 힘들다. 개별 학생 뒤에 서 있는 학부모들이 학생의 코치 또는 가이드 역할을 해야 한다. 그들이 자녀인 학생의 개별 속도에 맞추어야 한다. 그런데 학부모가 학생의 주인 역할로 돌변해서 학생을 일꾼 부리듯이 할 때가 있다. 이것이 디지털 사회를 거치면서 학생과 학부모의 의견이 충돌되는 지점이다. 학생들은 인터넷을 통해 많은 정보를 수집한다. 학부모는 학생이 무엇을 어떻게 생각하는지 전혀 알 길이 없이 전통적인 관습과 선입견 같은 인식을 주장하다가 자녀와 충돌하게 된다.

다수 학부모의 미흡한 디지털 리터러시를 업그레이드할 필요성이 여기에 있다. 세상이 놀랍게 변화된 것을 방송이나 신문 기사를 보고 들었지만, 자신이 자녀를 위해 무엇을 어떻게 해야 할지는 잘 모른다. 학교에서도 학생들이 스마트폰을 전혀 사용하지 못하고 학교 컴퓨터실에도 인터넷 사용이 제한되었던 시절도 있었다. 그런데 코로나 시국을 보내면서 분위기가 바뀌었다.

이제 스마트폰이 없으면 날씨 변화, 재난 등 긴급상황을 알리는 정보가 차단된다. 대중교통의 시간표나 노선을 스마트폰으로 확인한다. 지하철을 타보면 무료한 시간을 스마트폰 게임으로 보내는 승객들이 허다하다. 한편에서는 메타버스 체험관에서 유치원 학생과 학부모가 게임으로 우주 과학을 배우기도 한다. 디지털에 익숙한 MZ 세대 부모는 디지털을 활용해 자녀와 활동할 것이 많다. 공부도 놀이도 디지털이 중심이다. 그 이전 세대의 학부모들은 자녀의 미래를 위해 디지털의 변화를 받아들이고 적응해야 한다. 그것도 빨리해야 한다.

PART 7 교육의 미래와 디지털 러닝

03
AI 사회에서 필요한 최고 능력자

디지털 콘텐츠를 요리조리 다루는 인재가 대접받는다.

디지털 시대에 필요한 능력은 크게 디지털 콘텐츠의 활용 능력과 제작 능력으로 나눌 수 있다. 우리나라는 인터넷 접속이 전국 어디서나 빨리 가능한 나라이다. 필요한 정보를 빠르게 검색하고 내려받을 수 있다. 그리고 한글을 깨친 전 국민이 스마트폰을 사용한다. 이것은 AI 디지털 기술이 우리 일상에 깊숙이 스며들 때 아주 큰 이점이 된다. 전 국민이 똑똑하게 미래 사회를 살아갈 수 있다.

여기서 구분할 것이 있다. 디지털을 사용하는 것과 활용하는 것을 다른 관점으로 보아야 한다. 누군가 만들어 놓은 상품을 사용하는 것과 만들어진 상품이지만 용도를 다르게 변형하거나 새롭게 리모델링한다면 상품의 효용성은 크게 달라진다. 활용의 차원에서는 누적된 경험을 바탕으로 응용력과 창의력이 동원됨으로 인해 완전히 다른 능력으로 전환된다. 미래에 필요한 능력이 이런 것이다.

디지털 기술도 이처럼 단순한 기술사용을 넘어서 재창조의 능력을 기르도록 유치원생까지 컴퓨터 코딩 배우기 바람이 부는 것이다. 어릴 때부터 사물과 데이터를 분석해 보고 창의력을 발휘하도록 여러 방면에서 생각 뒤집기를 해보는 연습이 필요하다. 그런 과정을 체계적으로 잘 지도하고 지원할 수 있는 어른들도 많아야 한다. 교사와 학부모의 역할이 크다.

> **우수 인재의 최고 능력은 함께 어깨동무할 줄 아는 사람이다.**

AI는 부가가치가 높은 직종, 사람들의 선호도가 높은 일, 사용 빈도가 높은 고가품에 먼저 적용될 것이다. 그 이유는 AI 기술을 적용하면 인건비 등 운영 비용을 절약하고, 활용도가 높아서 가성비 즉, 투자수익률이 높아서이다. 이런 분석을 위해서는 데이터를 모으고 분석하는 빅데이터 기술 또한 기초가 되어야 한다. 따라서 미래 인재는 데이터를 분석할 수 있는 능력, 사람들의 행동과 태도 변화를 감지할 수 있는 분석력과 판단력, AI 기술을 개발하고 적용하는 창의력과 이를 소통해야 하는 능력이 요구된다.

한마디로 혼자서는 도저히 할 수 없는 일들이다. AI로 통합될 모든 분야에서 전문적인 지식과 현장 경험이 필요하고, 더 나아가 협업을 통해 놀라운 기술력으로 성능을 입증해야 한다. 기존의 아날로그식 인재는 혼자서 뛰어난 능력으로 몇십만 명을 먹여 살릴 수도 있었지만, 지금은 완전히 다르다. 기술과 기술의 융합이 필요하고, 이 사람의 경험과 저 사람의 경험을 섞어서 보도들도 못한 새로운 경험을 창조해야 한다. 제조업과 서비스업의 구분이 모호해지는 것이다. 필요한 서비스를 위한 상품은 그 자리에서 제조가 가능해진다.

교실에서 1인 교사가 학생들에게 펼쳐 보일 수 있는 배움의 세계는 한계가 있다. 디지털 기술을 활용하더라도 정해진 주제와 시간에 맞추어 수업 활동을 설계하는 일은 매우 어렵다. 이럴 때 개인 학생에게 필요한 외부 전문가, 튜터, AI 앱이나 메타버스 체험, 스마트폰 활용 앱 등 여러 가지 대안을 제공하면 효과적이다. 교사가 이것들을 알고 있는지가 중요한데, 교사에게 협업 능력이 요구되는 지점이다. 혼자만 업무수행을 잘 하면 되도록 훈련받은 교사들이 해결해야 할 큰 과제는 동료교사, 외부 전문가들과 사이좋게 협업할 수 있는 사회적 능력과 원활한 소통능력이다. 개인의 교과 전문성은 디지털 AI에게 양보해야 할지도 모른다.

❝
포용 능력이 있는 사람은 모두가 좋아한다.

우리는 성격이 원만한 사람들을 둥글다고 표현한다. 어디서나 잘 굴러간다는 것은 누구든지 잘 지낼 수 있다는 의미일 것이다. 교실에 학생들이 30명이 있다면 성격은 저마다 다르다. 공동체 생활을 통해 배려와 양보, 그리고 나눔과 공감을 배우지만 한계는 분명하다. 대학에서 3, 4학년 학생들을 관찰하면, 군대를 전역한 남학생들과 여학생들은 다른 점이 있다. 주변과 상황을 살피는 능력에서 군대 경험이 유효하다. 또한 아르바이트를 많이 해본 학생들이 상황판단과 이해도가 높은 편이다.

다양한 경험을 하면서 성장하는 학생들이 주변을 살피고 대응하는 종합 판단 능력이 우수하다. 반면, 이른 나이에 국가 자격시험에 합격해서 입직한 사람들을 만나보면 주변을 이해하는 능력에서 편차를 보일 때가 많다. 사람의 성향과 성격은 유전의 힘도 있지만, 사회성과 개별 인성은 대부분 연습과 노력으로 많은 것을 이루어 낼 수 있다.

정의적 영역이라 부르는 사람의 태도와 자세, 인성에 속하는 부분을 학교에서도 가르친다. OECD에서도 학생들에게 태도와 가치를 강조하는데 협력, 공감, 개방성 등 상대를 포용해야 하는 능력이 포함된다. 혹시라도 디지털 시대니까 나 혼자만 잘 살면 된다고 생각하면 큰 오판이다.

AI 기술이 인간을 잘 이해한다고 해도 결국 기계가 다루지 못하는 본질적 부분이 있다. 사람의 생활양식은 오랜 시간 동안 축적된 본질이 있다. 무엇이 옳고 그름은 없지만, 지역별, 인종별, 계층별 살아가는 방식의 차이는 분명히 존재한다. 이것은 하루아침에 후다닥 만들어 낼 수도 변화할 수도 없다.

학교 교육에서도 이러한 정의적 영역이 가르치고 훈련하기 가장 어려운 부분이다. 지식을 가르치고 배우고 외우고 활용하는 것은 반복하면 어느 정도 가능하다. 그런데 정의적 영역은 학생들이 머릿속으로 요구하는 변화가 이해되어야 하고, 그것이 다시 보이는 행동으로 나타나기 위해서는 시간과 노력, 성숙하는 단계와 수정의 단계를 거쳐야 한다.

학교는 학생에게 개인 지도가 어려운 환경이라 이 부분은 가정 교육으로 넘어가는데, 학부모가 체계적으로 제대로 지도하기도 매우 어렵다. 자녀 문제는 객관적으로 잘 보이지 않아서인데, 사회생활에서는 모자라는 부분이 눈에 확 들어온다. 직장생활에서 크게 드러나는 부분인데, 성인이 되면 특히 자신의 태도에 대한 단점을 인정하고 수정하기가 어렵다. 그리고 그렇게 수정했을 때 자신에서 어떤 효과가 생기는지 빨리 파악하지 못한다. 하지만 이것은 취업과 재취업, 승진과 퇴직에 중요한 요소가 될 수 있다. 면접 시 확인하는 여러 항목 중에 사회성과 포용 능력이 있다.

04
AI 사회가 기대하는 학교 교육

> **학교는 전 국민에게 역사와 전통문화를 전수하는 곳이다.**

모든 국민은 헌법에 교육받을 권리를 가진다. 의무교육을 통해 바람직한 사회인으로 살아가기 위한 디딤돌을 제공하는 것이다. 학생은 미래를 향해 살아가지만, 학교의 교육과정은 과거의 지식과 경험을 담아내는 특성을 가진다. 그래서 학교는 과거와 현재, 그리고 미래가 공존하는 곳이다. 발전된 우리나라의 역사와 문화를 전 국민에게 전수하는 곳이다.

획기적인 기술 발전과 급속한 사회문화의 변화에도 불구하고 학생들은 학교에서 몸과 마음이 성장한다. 의무교육과 무상교육으로 초등학교 1학년인 만 7세부터 고등학교 졸업하는 만 18세 청소년들은 모두 학교생활을 해야 한다. 12년을 학교에서 보낸다는 것이 학생 개인의 생애주기로 볼 때는 대단한 시간 투자이다.

휘황찬란한 디지털 기술을 개발하는 핵심 인력들도 결국 공교육을 통해 성장한 인력들이며, 언젠가 동네 학교에 다니던 학생이었다. 학교가 무엇을 어떻게 가르치고 학생이 학교에서 어떤 생각과 행동을 하는지는 국가의 미래와 연결되기 때문에 매우 중요한 이슈이다. 궁극적으로는 국가경쟁력이 학생들의 사고력과 실행력에서 나오게 된다. 교육 수준이 국가의 수준을 결정하는 것이다.

디지털 사회와 AI의 활용, MZ 세대와 알파 세대의 특성, 개별 학생 맞춤형 교육의 강조 등 최근의 흐름은 우리나라의 교육 이념인 홍익인간과 어떻게 잘 연계될지 궁금하게 만든다. 우리나라 헌법 31조와 교육기본법은 모든 국민의 교육받을 권리를 설명한다. 결과로 전 국민에게 기본 교육을 제공하는 학교 교육은 철학과 목표가 분명해야 한다. 사회 곳곳에서 학교 교육을 흔들고 학부모와 학생의 눈치까지 가세하면 우리나라 학교 교육이 올바르게 서기 어려울 수 있다.

MZ 세대 교사들은 이전 X세대와 비교해서 교직을 성취감이나 소명보다 수업이라는 업무로 인식한다는 언론 기사가 있었다(2021년 5월 교육플러스 e뉴스통신). 인구축소 시대에 학령기 학생들은 더 감소하겠지만 학생 1명의 소중함은 더 커질 것이다. 학생 1명이 보석처럼 빛나게 성장하는 것은 학생 주변 사람들 모두 나서야 가능한 일이다. 그 중심이 학교라서 미래에는 AI 기술의 발전만큼 학교의 중요성을 강조하고 학교 구성원의 노고를 모두가 인정하고 더 많이 지원해야 할 것이다.

> **그냥 부모와 학부모의 역할은 다르다.**

자녀를 낳으면 부모는 자동으로 주어지는 역할이다. 부모가 어떤 책임과 의무를 해야 하는지 의무교육을 받고 자격증이 없어도, 출산한 부모는 자동으로 아이를 양육하는 법적 보호자와 책임자가 된다. 바람직하게 물심양면으로 아이를 올바르고 건강하게 성장하도록 지원하는 일은 직장생활을 하는 만큼 어려운 일이다. 그래서 그런지 그릇되게 행동하는 부모를 언론 뉴스에서 종종 목격한다.

'에밀'이라는 교육학 저서로 유명한 루소(Jean Jacques Rousseau, 1712~1778)는 잘못된 훈육으로 자녀를 망치기보다 자연에 맡겨 아이의 타고난 재능을 살리라고 강조했다. 오래전 이론이라 현대에 안 맞을 것 같지만, 그의 철학과 이론은 시대와 무관하게 변하지 않는 인간 성장의 근본을 잘 설명한다.

부모가 자녀와 DNA를 공유한다고 해서 자녀를 100% 알지 못한다. 교육의 성과를 타고난 선천적 요소와 양육하는 후천적 요소의 효과성으로 나눌 때, 환경 및 교육에 대한 지원과 학생 주변 인물 등 후천적인 환경이 더 중요하다고 보는 의견이 교육학의 정설이다. 그런데 부모가 후천적인 환경과 요소를 자녀 맞춤형으로 완벽하게 제공하기는 어렵다. 자녀를 출산했다고 자녀가 자동으로 파악되지는 않는다. 이것은 전문가의 분석과 견해가 필요한 일이다.

학교는 전문가의 집단이다. 오랫동안 교육과 훈련을 통해 학생들의 성향과 수준을 분석하고 진단해, 어떻게 수업할지 처방을 내릴 수 있는 자격증을 취득한 사람들이 모인 곳이다. 간혹 교사들에게 전문성을 따지는 부모들의 언론 기사를 접하는데, 학교의 전문가들을 인정하지 않으면서 자녀를 학교에 보내는 것은 아이러니한 것이다. 사교육 현장에는 의외로 교사자격증이 없는 사람들이 많다.

학부모라면 교사와 탄탄한 연대체계를 만드는 것이 자녀에게 유리하다. 가정 교육의 역할과 학교 교육의 역할을 나누어서 상호 보완의 관계를 유지하면 자녀 성장에 더욱 발전적일 수 있다. 혹시 학부모가 공교육인 학교 교육보다 사교육에 의존하게 되면, 학생의 생애 전체로 보았을 때 결과로는 손해다. 학생이 성장하여 사회생활을 하게 되면 스스로 판단하고 결정하는 자기 주도성이 중요한 역할을 하는데, 오랜 시간 경험한 사교육 의존성으로 인해 본인이 만들어내는 의지와 열정, 끈기가 부족해질 수 있다. 이것은 학생의 미래 직장생활과 생애 전체에 걸친 문제 해결 능력에 발목을 잡게 된다.

> **디지털 기술로 인한 정서 환경의 격차를 학교에서 보완하자.**

사회경제적인 격차로 인해서 발생하는 디지털 기술 활용성의 정서적 차이는 앞으로 커질 수 있다. 이것은 디지털과 AI 기술이 우리의 생활 전반에 적용됨에 따라 일상에 접목된 하이테크놀로지를 사용하면서 느끼게 되는 기술에 대한 정서 차이를 의미한다. 첨단 기술이 적용된 주거지에 사는 학생들과 오래된 주거 시설에 사는 학생들은 보고 느끼는 것이 다를 수 있다. 시간이 흐르면 생각과 행동도 달라질 지 모른다. 반복된 경험이 새로운 경험을 창조할 수 있다.

기술과 사회의 발전은 우상향이 기본이다. 무엇을 보고 무엇을 느꼈는지에 따라 다음에 발전될 기술 수준이 결정된다. 기술 정서적인 격차가 일상에서, 직장에서, 생애 전체에서 차이를 지속할 수 있다. 학령기 학생들은 이것을 줄일 수 있는 처음 장소가 학교이다. 학교에서 발전된 기술이 적용되는 여러 가지 수업 활동을 통해 학생들의 기술 정서적인 소외감을 줄일 수 있어야 한다.

최근에 지역별로 에듀테크 최신 기술의 교실 적용 실험을 곳곳에서 하고 있다. 학생들에게 아주 좋은 기회가 된다. AI 사회에서 직업을 가지고 살아갈 청소년들은 많은 경험과 체험을 통해 자신의 진로를 고민하고 계획해야 한다. 부모와 조부모 세대가 알고 있던 직업의 세계와는 전혀 다른 세계가 펼쳐질 것이다. 나아가 새로운 직업과 직종도 학생 스스로 만들 수 있게 된다. 무엇을 어떻게 준비할지 그 누구도 알려주기 어려운 세상이다. 모두가 잘 모르지만, 개척하는 본인은 알 수 있다. 창의와 융합의 결과물을 기대할 수 있는 부분이다.

학교의 교실에서 모든 학생은 평등하다는 것이 학교 교육의 철학이다. 학생들이 격차를 느끼지 않도록 기회가 제공되어야 한다. 디지털과 AI 기술의 활용 측면에서는 최소한의 격차를 유지해야 사회가 발전할 수 있을 것이다. 인구가 축소되는 시대에 개인 학생마다 교실에서부터 도전하고 성취하고 재도전하는 건강한 심신의 상태를 유지해야 한다.

PART 7 교육의 미래와 디지털 러닝

05
의미 있는 배움의 조건

> **학습 성과 예측이 가능해야 한다.**

이미 언급했지만, 교육은 비용이 많이 투자된다. 시간과 에너지도 물론이다. 결과에 대한 기대와 효용성을 생각하지 않고 비용을 투자한다면 무모한 결정이 될 수 있다. 가정에서 가전제품을 산다고 가정해 보자. 우리가 가지고 있는 상식은 성능 대비 가격 경쟁력을 따져봐야 한다. 다른 말로 가성비가 있는지 차근차근 살펴봐야 한다.

성인 한 사람이 성장하기까지 교육에 들어가는 비용과 시간, 그리고 에너지를 계산해보면 엄청나다. 중국의 인구연구소가 세계 여러 나라를 비교한 자료에 의하면, 우리나라에서 아이 1명을 대학 졸업까지 지원하는 금액이 2023년 기준으로 3억 6,500만 원이 필요하다고 한다. 유럽의 독일, 프랑스보다 훨씬 높은 금액이라고 한다. 이것이 저출산의 원인 중 하나이고, 인구가 축소되는 결과로 나타난 것이다.

개인에게 맞춤형 교육이 중요하고, 자기 주도성이 강조되는 시대를 잘 살아가기 위해서는 교육도 투자수익률을 분석해 보고 시작하기를 추천하고 싶다. 미래에 대한 두려움의 가장 큰 원인은 불확실성이다. 결과에 대한 자신감이나 확신이 없어서, 무엇이 좋을지 모르니 도움이 될만한 것은 모두 시도해 본다. 이것이 교육을 대하는 학부모들의 자세와 좋은 부모의 모습이었다. 그런데 이제 세상이 바뀌었다. 디지털 바탕 위에 AI가 올라가서 시뮬레이션도 가능해졌다. 미리 분석과 예측을 해보고 충분히 생각한 다음에 비용투자를 결정하기를 추천한다.

무엇을 배워야 하고 어떻게 열심히 공부해야 하는지 시작은 학습 동기에서 비롯된다. 무엇이 자신을 공부하도록 안내하고 집중과 몰입을 가져오는지 살펴보아야 한다. 어린 학생의 경우 학부모가 이것을 같이 분석해 보고 의논해서 결정하면 효과적이다. 아무리 나이가 어려도 말귀를 알아들으면 자신이 무엇을 원하고 왜 그것을 해야 하는지 이해할 수 있다. 미래에 언젠가 도움이 될 것이고, 어른이 되면 억지로 공부시킨 고마움을 알게 될 것이라는 믿음은 이제는 시대착오적이다.

원인 없는 결과 없고, 아니 땐 굴뚝에서 연기는 절대 나오지 않는다. AI 사회에서는 축적된 데이터를 분석하고 해석해서 개인과 사회 전체에 유리한 결과를 만들어내는 사람이 똑똑한 인재다. 학교에 열심히 출석하고 공부에 집중하고 졸업해서 자신이 원하는 인생을 영위하는 것도 계획과 목표가 있어야 의미가 있다. 일찌감치 초등학생부터 자신의 인생과 진로를 생각하고 공부의 방향을 잡아서 매일 성실하게 살아가는 좋은 습관을 들이는 것이, 인구축소 시대에 대한민국이 살아남아 더 위대한 선진국으로 나아가는 길이다.

> **학습 이후가
> 설레야 한다.**

자신이 원하는 공부 결과에 도달했고 그 결과에 만족하면, 다음 단계 공부에 자신감이 생긴다.

이것을 지속 학습 동기라고 한다. 공부를 계속할 수 있고 좋은 결과가 예상되는 것이다. 학생들이 중간에 공부를 포기하는 것은 어느 순간 잘하지 못한 결과에 대한 자신감과 만족감의 하락에 있다. 대표적인 교과목이 수학과 과학같이 지식의 체계성이 필요한 과목이다. 단어와 어휘를 많이 알고 있어야 잘할 수 있는 영어, 국어 같은 교과목도 있다. 꾸준함이 부족해서 발생하는 일이다.

자신감을 상승시키는 좋은 방법은 낮은 목표로 시작해서 점차 목표를 높여가는 것이다. 학령기 학생들이라면 부모님과 선생님이 협업체계로 도와주면 수월하다. 누구든지 달성하기 어려운 과제가 주어지면 포기하고 싶어진다. 무모한 도전을 피하는 것은 동물적인 본성이다. 그래서 나이가 어릴수록 작은 과제를 주고 달성할 때마다 보상을 주어 도전의 즐거움과 다음 단계로의 발전을 도와준다. 반려동물을 훈련하는 방법과 유사하다. 어느 정도 연습이 되면 혼자서도 잘하게 된다. 자기 주도 학습 능력이 생기는 지점이다.

사람이 새로운 무엇인가를 배울 때 주저하게 되는 것은, 불확실한 어려움에 대한 두려움과 안 좋은 결과에 대한 불안감 때문이다. 그런데 주변에 보면 무슨 일이든지 잘 도전하고 하기만 하면 좋은 결과를 만들어내는 사람들이 있다. 무엇이 다른지 살펴보면 자신감이다. 자신을 믿는 것이다. 그리고 '지난번에도 했으니 이번에도 잘 해낼 수 있겠지'하는 자신과의

약속이다. 높은 자신감과 자기 주도성이 잘 갖추어진 것이다.

이것을 디지털 학습의 상황으로 가져와 보자. 혼자서 스스로 학습하면서 소기의 학습 목표를 달성하기 위해서는 자신에 대한 신뢰와 도전에 대한 칭찬을 계속해야 한다. 곁에서 보기에 강한 정신력이라고 할 수도 있을 것이다. 그런데 자기 주도성이 완성되기까지 누군가의 도움이 필요하다. 멘토의 중요성이다. 주변에 도움을 요청할 수 있는 용기가 있어야 하고, 누군가의 요청을 받으면 적극적으로 도와주어야 한다.

> **다음 단계를 공부하고 싶어진다.**

소위 공부의 신이라 불리는 사람들의 자전적 이야기를 들어보면, 끊임없이 다음 단계로 도전하는 열정을 찾아볼 수 있다. 다음 단계로의 학습을 진행하기 위해서는 이번 단계의 학습이 만족스러워야 하고, 그래서 다음 단계 공부에 열망이 생겨나야 한다. 처음에 없었던 다음 목표기 만들어지는 것이다.

학교의 수업 내용은 계열성의 원칙을 적용한다. 앞뒤의 내용이 연결되도록 구성하는 것인데, 이것을 학년별로 나누고 다시 초등, 중등으로 나누면서 가르치고 배우는 내용의 깊이가 생긴다. 교과목은 커다란 지식 덩어리를 체계적이고 논리적으로 구분해서 학생들이 흡수하기 좋게 분류한 것이다. 대학에 가면 학문 분야별로 내용을 세분화하고, 이를 다시 재분류해서 학과를 만든다. 더 나아가 대학원으로 가면 전공별로 더 세부화된 전공이 정해지고, 거기서 더 나가면 석박사들이 연구하는 전문 연구 분야가 생긴다. 기술과 사회 발전에 따라 없던 세부 전공과 연구 분야가 생기기도 하고 있던 것이 없어지기도 한다.

유치원에서 함께 시작했던 원아들은 상급학교를 거쳐 가면서 각기 다른 전공과 영역의 삶의 현장에서 많은 것을 공부하게 된다. 사회에서 중년이 되어 자신의 분야에서 전문가 반열에 오른 사람들을 관찰하면 오랫동안 지속해서 공부하고 도전한 사람들이다. 다른 말로 인생의 마디마다 다음 단계의 목표를 세우고 열망을 가지고 노력한 사람들이다.

계속해서 공부하고 새로운 분야에 도전하는 것은 공동체 생활에서 매우 의미 있는 일이다. 주변인들에게 선한 영향력을 미칠 수 있는 좋은 선택이기도 하다. 성숙기로 접어드는 디지털 사회에 필요한 새로운 지식과 기술을 배워서 터득하고 그 결과를 사람들과 공유해서 의미 있는 성과를 만들어내는 역량은 AI 사회가 요구하는 인재상이다. 지역과 계층을 뛰어넘어 전 국민이 어디서나 이런 기회를 접하고 상호 협력하는 건강한 디지털 학습의 문화가 만들어지기를 기대해 본다.